CATALOGUE RAISONNÉ DES TABLEAUX, DE DIFFERENTES ECOLES,

Des Figures & Bustes de Marbre ; des Figures, Groupes & Bas reliefs de Terre cuite ; des Morceaux en ivoire ; des Desseins & Estampes ; des Meubles précieux, par *Boule & Philippe Caffieri* ; des Coquilles Univalves & Bivalves, choisies ; & d'autres objets qui composent le Cabinet de M. DE LA LIVE DE JULLY, ancien Introducteur des Ambassadeurs, Honoraire de l'Académie Royale de Peinture.

Par PIERRE REMY.

Cette Vente se fera le Lundi 5 Mars 1770, & jours suivans, trois heures & demie précise de relevée, rue de Menard au coin de la rue de Richelieu.

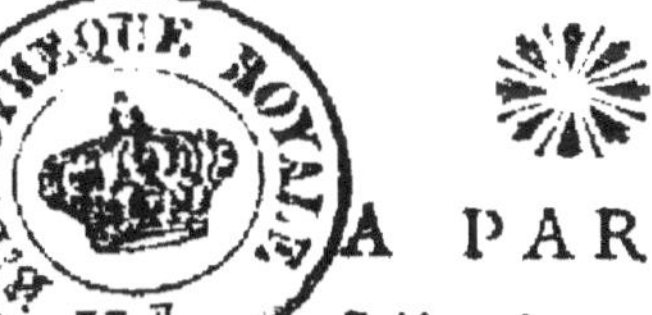

A PARIS,

Chez VENTE, Libraire, au bas de la Montagne Sainte Genevieve.

M. DCC. LXIX.

TABLE

Des objets annoncés dans ce Catalogue.

TABLEAUX

Fin de la Table.

CATALOGUE

CATALOGUE

DES Tableaux, Figures & Buſtes de marbre, Figures & Groupes de terre cuite, Deſſeins, Eſtampes, Meubles précieux, Coquilles choiſies, & autres objets qui compoſent le Cabinet de M. DE LA LIVE DE JULLY.

TABLEAUX.

ECOLE D'ITALIE.

Guido Reni, dit *le Guide*.

1 UNE Sainte Famille; la Sainte Vierge aſſiſe, vêtue d'une robe de

couleur pourpre & d'un manteau bleu, tient ſur ſes mains l'Enfant Jeſus qui lui tend les bras en la regardant; Saint Joſeph s'appuie ſur un arbre & eſt à leur droite, on le voit de profil : on remarque au côté oppoſé un paquet & une gourde.

Simon Cantarini, dit *le Pezareſe*.

2 La Vierge aſſiſe au pied d'un arbre à droite dans le coin du tableau : elle eſt vue plus que de profil, & ſa tête de trois quarts, l'Enfant Jeſus dort entre ſes bras. Saint Joſeph dort auſſi, ſa tête appuyée ſur ſa main gauche, ſes jambes ſont nues, & il eſt aſſis ſur une élévation de terre qui eſt à gauche un peu dans l'éloignement.

Les tableaux des numeros précédens ſont du plus précieux deſſein, du beau coloris & du meilleur *faire* des deux grands Maîtres de qui nous les annonçons : l'unanimité des ſuffrages des Connoiſſeurs les plus éclairés, ſoit Amateurs, ſoit Artiſtes, donne une certitude de leur ſupériorité, ils ſont connus depuis très longtems dans différens Cabinets, & précedemment dans celui de M. Paſquier, Député du Commerce de Rouen, dont nous avons donné une notice de la vente faite après ſon décès en 1755. On trouve ces morceaux gravés par le *Pezareſe*. Ils ſont peints le premier ſur bois & le ſecond ſur toile, chacun porte 15 pouces de haut, ſur 21 de large.

Le Chevalier Servandoni.

3 Les Ruines d'un ancien Palais, & d'autres édifices.

Servandoni a fait ce tableau pour un Peintre de ſes amis particuliers, auſſi ne peut-on diſconvenir qu'il en eſt très peu qui puiſſent l'égaler en beauté. *François Le Moine*, ami auſſi de ce Peintre, l'a enrichi de ſept figures, ce qui rend ce morceau important:

il eſt peint ſur toile de 2 pieds 2 pouces 6 lignes, ſur 2 pieds 10 pouces 6 lignes de large.

4 Un autre bon tableau de *Servandoni*, fait pour le propriétaire de ce Cabinet : il repréſente des Ruines ; *M. Boucher*, premier Peintre du Roi y a placé trois Soldats Romains. Salvator Roſa, s'il vivoit, ſeroit flatté qu'on les donnât pour être de lui. Ce morceau peint ſur toile porte 2 pieds 10 pouces 6 lignes de haut, ſur 2 pieds 3 pouces 6 lig. de large.

ECOLE DES PAYS-BAS.

Paul Bril.

5 SAINT Antoine tenté par des Démons repréſentés ſous la forme de différens animaux de fantaiſie, dont un a la figure humaine : ſur un plan élevé & éloigné dans le payſage, ou remarque l'hermitage de ce Saint & un de ſes compagnons. Un ſecond tableau qui fait le pendant du précédent, eſt auſſi un beau payſage,

beaucoup de ruines, un bras de riviere dans le coin à gauche ; ſur le devant un Bohémien & deux Bohémiennes avec leurs enfans proche d'un feu à terre : on remarque à droite ſur divers plans pluſieurs figures, dont un Berger aſſis à côté d'une ruine, une femme qui trait une chevre, pluſieurs autres chevres & des moutons.

Les compoſitions riches, les ſites agréables & la touche ſavante donnent un grand mérite à ces deux morceaux que l'on peut garantir du meilleur tems de *Paul Bril* : ils ſont peints ſur cuivre & portent chacun 7 pouces de haut, ſur 8 de large.

Pierre-Paul Rubens.

6 L'une des femmes de Rubens, aſſiſe ſur une chaiſe, ſon habillement eſt blanc, on la voit de trois quarts le dos tourné à la droite du tableau, ſa tête couverte d'un chapeau gris à petit bord rabatu, orné d'une plume qui lui tombe ſur l'épaule

27506 5

gauche : elle tient entre ses jambes un enfant debout, dont l'habillement est gris de lin, son bonet est noir orné de rubans & plumet ; un autre enfant placé à la gauche aussi debout vu de face, la tête plus que de trois quarts, tient de la main droite son tablier : une tige de colonne & un peu de ciel sert de fond à ce tableau qui est peint sur bois ; hauteur 3 pieds 6 pouces, largeur 2 pieds 7 pouces.

Ce tableau dont le mérite est éminent a eu & aura dans tous les tems l'approbation des plus célebres Amateurs & Connoisseurs de l'art, il est fait avec tout l'esprit imaginable, les figures sont agréables, intéressantes & sveltes : ce qui n'est pas toujours ordinaire à *Rubens* ; les fonds sont un peu indécis, mais l'avantage qu'on y trouve, & qui n'est pas d'une légere conséquence, est qu'une main étrangere n'y a aucune part.

27506 5

Antoine Van-Dyck.

7 Un tableau repréſentant le portrait de Snyders, célebre Peintre en animaux, ami de Rubens & de Van-Dyck : on y voit auſſi celui de ſa femme & de ſon fils.

Ce morceau eſt regardé par des Savans comme le plus beau des tableaux de portraits que *Van-Dyck* ait faits ; la touche facile & ſublime, le coloris vigoureux, l'effet ſéduiſant & l'expreſſion de chacune de ces trois figures ſemblent ne rien laiſſer à déſirer : c'eſt un chef-d'œuvre de l'art, ou du moins c'eſt le jugement que nous en portons, & nous oſons nous flatter que toutes perſonnes qui l'examineront avec attention, penſeront de même : il a été acheté à Anvers en 1762 ; il eſt peint ſur toile, hauteur 3 pieds 7 pouces, largeur 2 pieds 11 pouces.

Jean Miel.

8 Un tableau très agréable & des plus fins de ce Maître, peint ſur toile de 13 pouces de haut, ſur 11 pouces 6 lignes de large. Il eſt compoſé de ſept figures, dont les principales ont 4 à 5 pouces : on y remarque une maiſon de payſan proche de laquelle un homme & une femme danſent au ſon d'une guitare jouée par un homme aſſis ; un autre homme monté ſur un âne, & une femme qui file à la porte de ſa chambre les regardent.

Philippe Van-Champagne.

9 Moïſe tenant les Tables de la Loi, il eſt repréſenté de face, à mi-corps & de grandeur naturelle.

Ce tableau eſt du plus ſublime mérite, on peut le mettre en parallele avec les tableaux des plus grands Maîtres d'Italie ; c'eſt un ſentiment général que nous adoptons ſans héſiter : il eſt peint ſur une toile qui porte 2 pieds 9 pouces de haut, ſur 2 pieds 2 pouces de large. *Edelinck & Nanteuil* l'ont très bien gravé.

Rembrandt Van-Ryn.

10 Un portrait de femme juſqu'aux genoux, de grandeur naturelle, elle a une tocque blanche ſur la tête qui eſt vue plus que de profil, & une fraiſe applatie au col, ſa main gauche eſt poſée ſur une table couverte d'un tapis rouge, & la droite levée.

Ce tableau eſt d'un coloris agréable & tranſparent, la touche eſt fine, ſon ſtyle differe de ceux que l'on voit ordinairement de *Rembrandt*, en ce que le bon effet qui y regne n'eſt pas occaſionné par l'oppoſition du noir au clair : cet avantage lui donne un mérite particulier ; il eſt peint ſur toile qui porte 3 pieds 4 pouces de haut, ſur 2 pieds 11 pouces de large.

David Teniers.

11 Un tableau peint ſur toile de 2 pieds 5 pouces de haut, ſur 3 pieds 8 pouces 6 lignes de large.

Ce morceau qui vient du Cabinet de Madame la Comteſſe de Verrue, où il étoit très conſidéré, repréſente un Fête Flamande: on y boit, mange & danſe: Teniers & ſa famille y arrivent: on compte ſoixante-ſept figures de 6 à ſept pouces de proportion; cette compoſition eſt intéreſſante, le coloris très agréable & frais, & la touche belle.

12 Un Chymiſte dans ſon laboratoire, & un Etudiant à côté de lui, deux autres ſont proche d'une table au fond de la chambre.

Ce tableau d'un rare mérite, tant par la touche, que par le coloris & le bon effet, a été gravé par Philippe le Bas: il eſt peint ſur bois & porte 16 pouces de haut, ſur 20 pouces 6 lignes de large.

Adrien Van-Oſtade.

13 Deux tableaux repréſentans des chambres; dans l'une proche de la fenêtre on voit une femme aſſiſe qui tient un enfant ſur elle, & lui donne à manger; un homme debout, un aſſis & un petit garçon proche de la cheminée : dans l'autre eſt un Chymiſte ſoufflant le feu, & une femme qui nétoye ſon enfant.

Le premier de ces morceaux eſt peint en 1663, & le ſecond en 1661. Ces années ſont autant de certificats du bon tems d'*Oſtade*, ils ſont l'un & l'autre fin de touche & d'un beau clair-obſcur.

Gerard Dow.

14 Un jeune homme d'une belle Figure qui tient une flutte à bec : il porte ſes cheveux, la tête découverte, une fraiſe au col ; on le voit plus qu'à mi-corps proche d'un appui

de croiſée ſur lequel eſt un livre ouvert.

Ce tableau peint ſur bois, hauteur 7 pouces, largeur 5 pouces 6 lignes, eſt un des bons de *Gerard Dow*, la touche précieuſe, le beau fini, la fraicheur des teintes, & une parfaite conſervation le diſtinguent.

Philippe Wouwermans.

15 *Le retour du marché:* c'eſt le titre que *Robert Strange*, Graveur Anglois, a donné à l'eſtampe qu'il a gravée d'après ce tableau que nous annonçons; il repréſente un homme habillé de rouge, il porte ſur ſa tête un bonnet bleu à la houzarde; il eſt aſſis ſur un cheval blanc attelé à une charette ſur laquelle eſt une femme & des bagages, un panier & de la paille; une femme qui donne à téter à ſon enfant eſt aſſiſe à terre, elle a ſon paquet & un panier proche d'elle à côté de pluſieurs branches d'arbre.

Ce tableau agréable, piquant d'effet

d'effet, & du bon ton de *Wouwermans*, est peint sur bois : il porte 12 pouces de haut, sur 9 pouces de large.

16 Deux autres tableaux du même *Wouwermans*, riches de composition, agréables, vaporeux, d'un bon effet & de son meilleur tems, ils sont peints sur bois, chacun porte 13 pouces 6 lignes de haut, sur 18 pouces de large. On peut avoir recours pour la composition aux estampes qui en ont été gravées par Beaumont : l'une a pour titre le *Défilé de Cavalerie* ; l'autre, *Les Nageurs*. Ils viennent du Cabinet de M. Barez, dans lequel ils étoient pour lors.

Nicolas Berghem.

17 Une femme assise sur un cheval, un homme sur un mulet, une autre femme avec son enfant, elle a un paquet sous son bras : ces gens semblent se parler. Un peu à côté de ce groupe est un homme qui tient un agneau sous son bras, différens

animaux ſont proche de lui ; ſur des plans plus éloignés on remarque encore des figures & des animaux, le tout dans un beau payſage enrichi de quantité d'arbres & de pluſieurs fabriques ; le point de vue à droite eſt terminé par des montagnes & des coteaux.

Ce tableau eſt capital à tous égards : c'eſt un des beaux que l'on puiſſe citer de *Berghem* : cet Artiſte n'y a laiſſé aucun vuide & l'a rendu d'une intelligence admirable : l'effet eſt à faire illuſion, la touche ſavante & le coloris que l'on aime dans la nature. Il eſt peint ſur une toile qui porte 4 pieds 2 pouces de haut, ſur 6 pieds 3 pouces de large.

18 Un fin & agréable tableau, dont la compoſition eſt très intéreſſante, par le même *Berghem*. Nous croyons pouvoir nous diſpenſer d'en donner la deſcription par la facilité qu'il y a d'avoir recours à une belle eſtampe gravée d'après ce morceau par

Aliamet, ſous le titre des *Voyageurs ambulants*. Il eſt peint ſur bois, hauteur 11 pouces 6 lignes, largeur 16 pouces.

Adrien Vanden Velde.

19 Une femme endormie aſſiſe devant un arbre, & deux hommes, dont l'un eſt un vieillard proche d'une cabanne entourée d'arbres ; ces trois figures forment un groupe. Trois vaches, des chevres & beaucoup de moutons ſur différens plans, donnent une grande richeſſe à ce tableau qui eſt peint ſur bois, il porte 14 pouces de haut, ſur 20 pouces de large.

La couleur argentine, tranſparente, & une touche précieuſe, diſtinguent ſingulierement ce tableau, & lui donnent un des premiers rangs dans les ouvrages de ce Maître.

Jean Van-Huyſum.

20 Deux payſages enrichis de fabri-

ques, chute d'eau, rivieres, montagnes, figures & animaux, peints ſur toile, de chacun 18 pouces de haut, ſur 20 pouces 6 lignes de large.

Ces deux tableaux ſont richement compoſés, d'un agréable aſpect & du bon ſtyle de ce Maître : on n'en connoit pas qui mérite plus d'eſtime.

21 Deux autres tableaux de *Van-Huyſum*, le premier repréſente des fleurs dans un vaſe, & trois œufs d'oiſeaux dans un nid, poſés ſur une table ; l'autre eſt compoſé de différents fruits & de fleurs, auſſi ſur une table. Ces deux morceaux ſont peints ſur cuivre, ils portent chacun 16 pouces de haut, ſur 13 de large.

Jacob de Wit.

22 Des enfans avec des attributs de chaſſe. Ce tableau, peint en 1740, à l'imitation d'un bas relief de marbre blanc, eſt ſur une toile qui porte 11 pouces 6 lignes de haut, ſur 2

pieds 7 pouces 6 lignes de large.

Dietricy.

23 Une Fuite en Egypte. La Vierge tenant l'Enfant Jeſus, eſt montée ſur un âne que Saint Joſeph mene par l'oreille; un Ange qui eſt entr'eux ſur des nuées, les éclaire avec une torche.

Ce tableau eſt bien deſſiné & d'un très beau fini ; Godefroy Scalcken n'auroit pas mieux rendu le bon effet lumineux qui y regne agréablement. Il eſt peint ſur bois, hauteur 14 pouces 6 lignes, largeur 11 pouces 6 lig.

Lauterbuger.

24 Une Bataille peinte ſur toile de 12 pouces de haut, ſur 14 de large: ce tableau eſt d'un coloris chaud qui convient beaucoup au ſujet qu'il repréſente.

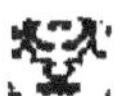

ECOLE FRANÇOISE.

Simon Vouet.

25 UN tableau peint ſur toile de 2 pieds 10 pouces de haut, ſur 2 pieds 3 pouces de large, il repréſente la Sainte Vierge à genoux prenant un fruit dans une corbeille, pendant que l'Enfant Jeſus reçoit une fleur que lui donne un Ange.

Ce morceau eſt du plus précieux de ce Maître.

26 Un autre bon tableau de *Vouet*, repréſentant Judith qui tient la tête d'Holopherne : elle eſt vue juſqu'aux genoux. Ce tableau peint ſur toile porte 3 pieds 10 pouces de haut, ſur 3 pieds 4 pouces de large.

Jacques Callot.

27 Deux tableaux en pendans peints ſur toile, chacun porte 8 pouces de haut, ſur 16 pouces 6 lignes de large, ils repréſentent des villages pro-

che une riviere gelée, sur laquelle sont des gens qui glissent avec des patins : on remarque sur le devant, des hommes, des chevaux, & des équipages.

L'esprit & l'art que nous trouvons dans ces morceaux, nous portent à croire qu'ils sont effectivement de la main de *Callot*.

Nicolas Poussin.

28 Une Bacchanale composée de deux femmes assises, un satyre assis sur ses jambes, buvant avec une corne ; deux enfans, dont un couché & endormi ; un peu plus loin sur la gauche un troisieme enfant ; dans un chemin enfoncé un satyre porte un panier de raisin.

Ce tableau est d'une grande correction de dessein & du bon tems du *Poussin* : on en trouve l'estampe gravée à l'eau forte sans nom. Il est peint sur toile de 4 pieds 1 pouce de haut, sur 5 pieds 1 pouce de large.

Claude Gelée, dit *le Lorrain.*

29 Un paysage peint sur toile de 3 pieds 2 pouces de haut, sur 4 pieds de large.

Ce morceau agréable, riche de composition & des plus parfaits que l'on puisse annoncer du *Claude*, représente un tems frais ; quatre figures de 5 pouces 6 lignes de proportion, forment un groupe : le sujet paroit être le départ de Diane pour la chasse ; à gauche sur un plan un peu plus éloigné, on voit des vaches qui sortent d'une riviere, un Pâtre assis sur un arbre renversé à terre, & des fabriques sur différentes élévations.

Jacques Stella & Loir.

30 Deux tableaux en pendans, ragoutans de couleurs & d'une belle touche ; le premier qui est de *Stella*, représente Sainte Anne qui embrasse la Vierge, & l'Enfant Jesus qui

baiſe Saint Jean : ſur le ſecond ſont peints l'Enfant Jeſus debout careſſant la Vierge, & Saint Joſeph dans le coin à gauche. Ils ſont ſur cuivre & portent chacun 8 pouces de diametre.

Jacques Blanchard.

31 La Vierge aſſiſe, vue juſqu'aux genoux, tenant l'Enfant Jeſus entre ſes bras, de grandeur naturelle ; un rideau vert bordé d'un galon d'or occupe une partie du fond du haut de ce tableau ; il eſt du meilleur ſtyle de ce Maître, & il eſt peint ſur une toile qui porte 3 pieds 8 pouces de haut, ſur 2 pieds 10 pouces de large.

Laurent de la Hyre.

32 Rebecca recevant les bijoux que lui préſente le ſerviteur d'Abraham : on remarque douze figures, dont les principales ont 2 pieds 4 pouces de proportion, deſſinées & drappées dans le goût de l'antique, que cet Auteur a ſouvent eu pour guide, & beaucoup de moutons ſur trois plans différens ; les effets variés & bien

entendus, & la touche franche, rendent ce tableau d'un mérite beaucoup au dessus d'autres de chevalet de ce Maître. Il est peint sur une toile qui porte 3 pieds 11 pouces de haut, sur 5 pieds 4 pouces de large.

33 La Conversion de Saint Paul, ce bon tableau est le petit du grand qui est dans l'Eglise de Notre-Dame à Paris. Il est peint sur toile, hauteur 2 pieds 1 pouce, largeur 1 pied 8 pouces. L'Auteur l'a gravé lui-même à l'eau forte.

34 Un paysage & des ruines d'où sort une fontaine qui forme une belle chute d'eau; à gauche presque sur le devant, deux Pâtres, dont un joue du flageolet, sont au pied d'un arbre, un chien à côté d'eux, des moutons qui paissent, un bœuf & un bélier.

Ce tableau aussi estimable que les précédents, a l'effet naturel d'une belle fraicheur d'été. Il est peint sur toile qui porte 1 pied 10 pouces de haut, sur 2 pieds 6 pouces de large.

Pierre Mignard.

35 La mort d'Abradate, Roi de Perſe, & de ſa femme Panthée.

Ce morceau richement compoſé & bien deſſiné, a le coloris italien : on croit que *Mignard* l'a peint à Rome ; il eſt ſur toile, hauteur 3 pieds 9 pouces 6 lignes, largeur 5 pieds 7 pouces.

Charles Alphonſe Dufreſnoy.

36 Artemiſe, Reine de Carie qui, faiſant recueillir les cendres de Mauſole ſon époux, eſt frappée de voir des flammes ſortir de l'urne qui renfermoit ſes cendres.

Les tableaux de ce Maître ne ſont pas communs, celui-ci a beaucoup de mérite. Il eſt peint ſur toile de 2 pieds 11 pouces de haut, ſur 4 pieds 2 pouces de large.

Sébaſtien Bourdon.

37 L'Adoration des Bergers, & l'Adoration des Mages.

Nous ne croyons pas qu'on puiſſe trouver deux tableaux auſſi précieux de ce Maître ; ces compoſitions ſont belles comme de Paul Veroneſe , les teintes d'un brillant ſéduiſant , la touche facile & des plus ſpirituelles : ils ſont peints ſur cuivre : hauteur de chacun , 17 pouces 6 lignes , largeur 13 pouces.

Euſtache Le Sueur.

38 Le Martyre de S. Laurent.

Ce tableau qui vient du Cabinet de M. de Pontchartrain , & dont la ſupériorité eſt reconnue , a fait & fera dans tous les tems l'admiration & la ſurpriſe même des perſonnes de l'art : on y admire la grandeur de la compoſition, un deſſein coulant qui imite la belle nature, la fraicheur du coloris & une touche pure : c'eſt un diamant précieux en fait de tableaux. Il eſt peint ſur une toile qui porte 5 pieds 3 pouces de haut, ſur 3 pieds de large. Gérard Audran l'a très bien gravé.

Charles Le Brun.

39 Le Sacrifice de Jephté. C'eſt le moment où Jephté va donner le coup de la mort à ſa fille.

C'eſt encore un de ces morceaux diſtingués que peu égalent : il eſt peint ſur une toile ronde de 4 pieds de diametre ; ſa bordure eſt quarrée en dehors.

Pierre Patel le pere, & F. Boucher.

48 Un beau Payſage avec de l'architecture de l'ordre corinthien ; M. Boucher, premier Peintre du Roi, y a placé une femme qui file & un homme aſſis : ces deux Maîtres y ont peint pluſieurs animaux ; c'eſt un double

avantage pour ce Tableau ; il eſt peint ſur toile, d'un pied 10 pouces de haut, ſur 2 pieds 5 pouces 6 lignes de large.

Noël Coypel.

41 Une Vierge vue juſqu'au genoux, recevant les careſſes de l'Enfant Jeſus ; ce Tableau, qui tient de la maniere des grands Maîtres, eſt ſur toile en ovale de 17 pouces 6 lignes de haut ſur 14 pouces de large.

Claude Le Fevre.

42 Un Vieillard & un jeune Garçon de grandeur naturelle juſqu'à mi jambes.

On a été indécis quelque tems ſur le nom de l'auteur de ce tableau, les uns le donnoient à un bon Maître de l'Ecole de Van-Dyck, les autres le croyoient italien : mais on eſt tombé d'accord par des comparaiſons, moyen certain auquel on devroit toujours avoir recours, qu'il eſt de *Le Fevre*, éleve de *Charles Le*

Brun, dont nous connoiſſons pluſieurs tableaux eſtimables, comme l'eſt celui-ci. Il eſt peint ſur une toile qui porte 4 pieds 6 pouces 6 lignes de haut, ſur 3 pieds 6 pouces de large.

Ant. François Vander Meulen.

43 Un Tableau très riche de compoſition, qui repréſente un combat de cavalerie; il a été peint en Flandres: ce tems a toujours été regardé comme le meilleur de ce Maître, lorſqu'il eſt queſtion de petits Tableaux: il eſt peint ſur bois, hauteur 8 pouces 6 lignes, largeur 11 pouces.

Baptiſte Monnoyer.

44 Deux Tableaux, des plus parfaits de ce Maître, ils repréſentent des vaſes de fleurs choiſies & groupées avec avantage, ils ſont peints ſur toile, & chacun porte 17 pouces 6 lignes de haut, ſur 14 pouces de large.

Charles de la Foſſe.

45 La Réſurrection de la mere de S.

Pierre : petit tableau du grand qui eſt peint aux Chartreux, & qui tient le premier rang dans les ouvrages de *la Foſſe*. Il eſt peint ſur toile de 2 pieds 3 pouces de haut, ſur un pied 10 pouces de largeur. *Moyreau* l'a gravé.

46 L'Apothéoſe de S. Louis, très belle eſquiſe terminée de ce que *la Foſſe* a peint dans la voûte du Dome des Invalides, elle eſt ſur toile, de forme ronde, qui porte 5 pieds de diamêtre.

Jean Jouvenet.

47 L'Adoration des Mages, Tableau capital, richement compoſé, & d'une excellente couleur; il eſt peint ſur toile de 3 pieds un pouce de haut, ſur 2 pieds 6 pouces de large. *Loir* l'a gravé.

De Troy, le pere.

48 Le Portrait de Mouton, fameux Joueur de luth; il eſt aſſis & vu à mi jambes.

Ce tableau eſt ſans aucun doute le chef-d'œuvre de cet Artiſte :

on en connoit l'estampe gravée par *Edelinck*, qui est aussi très estimée. Il est peint sur une toile qui porte 4 pieds 2 pouces de haut, sur 3 pieds 2 pouces de large.

Joseph Parrocel.

49 Une Bataille. Basan l'a gravée sous le titre de la Défaite des Ligueurs par Henri IV.

En considérant ce morceau, on ne peut trop en admirer les beaux détails : tout y est en action, & le coloris porté au plus grand dégré de vigueur. Il est peint sur toile de 2 pieds 1 pouce de haut, sur 3 pieds 4 pouces 6 lignes de large.

Jean-Baptiste Santere.

50 Un Tableau peint sur toile de 2 pieds 4 pouces de haut, sur un pied 11 pouces de large; il représente une Chanteuse, tenant son livre ouvert; elle est habillée de satin blanc,

vue de face, & jusqu'aux genoux.

L'expression qui se remarque dans le visage de cette femme est on ne peut mieux rendue, & les teintes fraiches & belles donnent à ce morceau un mérite supérieur.

Louis de Boulogne l'aîné.

51 Latone avec ses enfants demandant vengeanceà Jupiter des Paysans qui l'avoient insultée : un Paysan a déja la tête changée en grenouille.

Ce beau tableau composé de neuf figures, est peint sur cuivre : hauteur 18 pouces 6 lignes, largeur 2 pieds 2 pouces 6 lig.

52 La présentation de Notre Seigneur au Temple.

Ce tableau est un pastiche de *Rembrandt*, de qui on pourroit le croire s'il n'étoit examiné avec beaucoup d'attention; il est peint sur toile qui porte 2 pieds 10 pouces 6 lignes de haut, ſur 2 pieds 3 pouces 6 lignes de large.

53 Une belle tête de Cléopatre, par *Louis de Boulogne*, ſur toile ovale, de 2 pieds un pouce de haut, ſu 19 pouces de large, & une autre tête de femme en pendant, par *Roſlin*, auſſi ſur toile de même forme.

Nicolas Largilliere.

54 Le Portrait de ce Peintre tenant un porte-crayon, il eſt à mi corps & peint ſur toile de 2 pieds 6 pouces de haut, ſur 2 pieds de large.

55 Une Straſbourgeoiſe, de grandeur naturelle, juſqu'aux genoux, elle eſt debout, preſque de face, un grand chapeau ſur ſa tête, un chien dans ſes mains; du payſage fait le fond de ce Tableau qui eſt correct de deſſein, & d'une belle couleur. Il eſt ſur toile, hauteur 4 pieds 2 pouces, largeur 3 pieds 2 pouces 6 lignes.

Giacomo Corteſe, dit *le Bourguignon.*

56 Un Fort proche duquel ſe paſſe une

action représentée sur le devant du Tableau ; à gauche, dans l'éloignement, une troupe de cavalerie passe une riviere & d'autres se battent sur un pont ; dans l'éloignement, à perte de vue, on découvre une Ville & des montagnes.

Ce tableau très riche de composition peut être regardé comme capital & du bon tems du *Bourguignon* ; il est peint sur toile de 29 pouces 6 lignes de haut, sur 3 pieds 7 pouces de large.

Philippe, Duc d'Orléans, Regent.

57 Dibutade qui dessine le Portrait de son Amant à l'ombre. Plusieurs Auteurs font mention de cette histoire, & donnent ainsi à l'amour l'invention de la Peinture. Ce tableau a des beautés pour l'effet de lumiere, il est peint sur bois, hauteur 19 pouces 6 lignes, largeur 15 pouces.

On sent qu'il est difficile de

trouver de pareils tableaux. Il étoit nécessaire pour faire suite dans cette collection & pour prouver le goût de ce grand Prince, protecteur des Arts; il n'ignoroit pas que le moyen d'acquérir des connoissances étoit la pratique.

Le Chevalier Vleughels.

58 Le repas d'Herode, la fille d'Hérodiade lui apporte la tête de Saint Jean dans un plat; un beau Palais rend ce tableau riche, il est peint sur bois, hauteur de 9 pouces 6 lignes, largeur 6 pouces trois lignes.

Hyacinthe Rigaud.

59 Le Portrait de Rigaud en buste peint par lui-même dans son bon tems, il est sur toile, de forme ovale, hauteur 2 pieds 6 pouces, largeur 2 pieds.

60 Jaback, grand Amateur de tableaux & de desseins, représenté à mi-corps de grandeur naturelle, il tient un gant d'une main, & a l'autre ganté.

Ce portrait a une réputation méritée pour le deſſein & l'intelligence de la couleur. Il eſt peint ſur une toile qui porte 4 pieds 2 pouces de haut, ſur 3 pieds 2 pouces 6 lignes de large.

Baptiſte Ferret.

61 Une Vendange, on y a repréſenté un homme qui tient un baquet dans lequel ſont des raiſins, une femme à genoux appuyée ſur un autre baquet & un enfant qui boit avec un chalumeau dans un troiſieme baquet : ce tableau peint ſur bois de 13 pouces de haut, ſur 16 pouces 6 lignes de de large, eſt d'un coloris chaud & d'une bonne touche.

François Deſportes.

62 Un Tableau compoſé d'un chien, de deux lapreaux, un chat, deux perdrix, des alouettes, une jatte de porcelaine blanche à fleurs bleues, remplie de fraiſes ; des abricots dans un panier, une botte d'aſperges, des artichauts, un beau roſier, un oran-

ger dans ſa caiſſe, & un vaſe rempli de différentes belles fleurs ſur un piedeſtal.

Ce morceau eſt d'une grande vérité : la touche libre & ſavante, le coloris brillant & la diſtribution des groupes nous ſemblent être tout ce qu'on peut déſirer de mieux de cet habile Artiſte. Il eſt peint ſur toile de 5 pieds de haut, ſur 4 pieds de large.

63 Deux bons Tableaux touchés avec art, compoſés chacun de deux chiens qui arrêtent des faiſands, ils ſont peints ſur toile qui porte 10 pouces de haut, ſur 14 pouces 6 lignes de large.

Antoine Coypel.

64 Le Baptême de Notre Seigneur, peint ſur toile de 4 pieds 2 pouces de haut, ſur 3 pieds de large.

Ce tableau eſt très expreſſif & du meilleur *faire* de ce Maître, il en a gravé lui-même une eſtampe.

Nicolas Bertin.

65 Notre Seigneur qui lave les pieds de ſes Apôtres.

Le poſſeſſeur de ce Cabinet a fait venir ce tableau de Lyon, ſur le récit que lui firent pluſieurs Artiſtes qui l'avoient vu ; il ne fut pas trompé dans ſes eſpérances, l'applaudiſſement fut général : *Chereau*, *le jeune*, en a gravé l'eſtampe. Il eſt peint ſur bois, hauteur 1 pied 6 pouces, largeur 2 pieds 2 pouces.

Jean-François de Troy.

66 Suſanne entre deux vieillards, & Loth entre ſes deux filles ; ces deux Tableaux ont été peints à Rome. Ils ont été expoſés au Sallon du Louvre. Celui de Loth a été gravé par M. *Vien*. Ils ſont peints ſur toile, & portent chacun 2 pieds 11 pouces de haut, ſur 4 pieds 2 pouces de large.

Jean Raoux.

67 La Vierge aſſiſe, vêtue d'une robe

rouge & d'un manteau bleu, elle est vue jusqu'aux genoux, elle tient de la main gauche un livre ouvert, sa droite est posée sur son estomac.

Ce tableau bien dessiné & d'un excellent coloris, est peint sur toile qui porte 2 pieds 6 pouces de haut, sur 2 pieds de large.

Jean Grimou.

68 Une Espagnolette vue jusqu'aux genoux ; elle est debout tenant sa robe de la main gauche, qui est élevée, sa droite est posée sur son côté.

Les graces qu'annoncent cette figure, l'intelligence de la lumiere & la belle harmonie, font le mérite de ce tableau, qui est peint sur une toile de 3 pieds 1 pouce de haut, sur 2 pieds 6 pouces de large.

Louis Galloche.

69 Les Adieux de S. Pierre & de S. Paul. Ce Tableau est le petit du grand que l'Auteur a fait à Notre-Dame à Paris,

il eſt peint ſur toile de 2 pieds 10 pouces de haut, ſur 2 pieds 3 pouces de large.

Jean-Baptiſte Oudry.

70. Deux Tableaux peints ſur toile qui portent chaque 22 pouces 9 lignes de haut ſur 28 pouces 6 lignes de large. Dans l'un, ſont repréſentés ſept canards vivants; dans l'autre un chien de chaſſe qui paroît aboyer en regardant un renard, une bécaſſe & un autre oiſeau attachés avec une corde à une branche d'arbre. On remarque encore un pigeon & un autre oiſeau mort. Tout cela eſt peint dans un payſage.

Ces tableaux peints en 1753, ſont intéreſſans, d'une fraicheur de teinte & d'une légereté de pinceau, comme il s'en trouve peu : ils ſont en outre d'un grand fini.

71 Un autre beau Payſage auſſi très piquant; on y voit deux chiens de chaſſe, l'un couché à terre, l'autre ſur ſes pattes, ils regardent un lievre & une perdrix proche d'un arbre. Il

eſt peint ſur bois, & porte 15 pouces 6 lignes de haut, ſur 19 pouces de large.

72 Un Bacchanal. Silenne ivre eſt aſſis ſur une draperie à terre, une Nimphe paroît fâchée de ſa ſituation, des amours le conſiderent avec douleur, d'autres jouent enſemble.

Ce tableau peint par *J. B. Oudry* en 1730, eſt à l'imitation d'un bas relief de bronze de *François Flamand*, dit *le Queſnoy*, appliqué ſur un fond de lapis: l'illuſion eſt portée au plus haut dégré. Il eſt peint ſur toile de 1 pied 6 pouces de haut, ſur 3 pieds 3 pouces de large.

Jean-Baptiſte Pater.

73 Deux Tableaux très agréables & bien colorés; dans l'un, on voit un enfant dans un chariot tiré par deux chiens & cinq autres enfans dont un le conduit; dans l'autre, ſept enfans jouent enſemble, dont deux courent à cheval ſur des bâtons; ils ſont peints ſur bois, & portent chaque

6 pouces de haut, ſur 8 pouces 6 lignes de large. M. de la Live les a gravés ſous le titre de l'âge d'or.

François Le Moine.

74 Le portrait de ce Peintre tenant ſa palette & ſes pinceaux, il eſt peint ſur bois, de forme ovale, qui porte 8 pouces 9 lignes de hauteur, ſur 6 pouces 6 lignes de largeur.

75 Le Sacrifice d'Iphigenie, *Ovid, Métam. lib.* XII

Tous les Amateurs ſavent la rareté des tableaux de chevalet de *F. Le Moine*, leur mérite ſublime les fait rechercher ; celui que nous annonçons a l'avantage d'être heureuſement compoſé, fin de deſſein & d'une admirable couleur. Il eſt peint ſur toile de 3 pieds 1 pouce de haut, ſur 4 pieds 2 pouces 6 lignes de large. *Laurent Cars*, en a gravé l'eſtampe du tems que ce tableau étoit dans la collection de M. Bouret.

76 La Fécondité repréſentée ſous la fi-

gure d'une jolie femme, vue jusqu'aux genoux, qui tient deux enfans étendus dans ses mains.

Cette belle & gracieuse étude finie, du grand tableau qui est dans le salon de la paix, est sur toile, hauteur 1 pied 10 pouces, largeur 2 pieds 3 pouces.

77 Un autre Tableau important représentant la Transfiguration de Notre Seigneur, c'est le modele terminé du plafond que *le Moine* a exécuté aux Jacobins de la rue du Bac, il est peint sur une toile de 3 pieds 10 pouces de haut, sur 3 pieds de large.

78 Des Rochers, une chutte d'eau, du paysage & fabriques dans le goût Italien; on remarque deux petites figures d'hommes, dont un chasseur le fusil sur l'épaule; sur un plan élevé, un homme qui se repose proche d'un pont de bois, & un autre homme avec une femme qui marchent ensemble; ce tableau peint en Italie, mérite une considération particuliere, il est sur toile, hauteur 2 pieds, largeur 2 pieds 6 peuces.

Nicolas Lancret.

79 Un Repas champêtre, peint ſur toile, d'un pied 8 pouces 6 lignes de haut, ſur un pied 4 pouces 6 lignes de large; ce tableau eſt le petit du gaand qui eſt exécuté dans la chambre à manger des petits appartements de Verſailles. P. E. Moitte l'a gravé, ſon titre eſt *partie de plaiſirs.*

Jean Reſtout.

80 Un Tableau touché avec art & d'un très bon effet, ſon ſujet eſt les Pelerins d'Emmaüs; il eſt peint ſur une toile qui porte 18 pouces 6 lignes de haut, ſur 2 pieds de large : on en trouve l'eſtampe gravée par *Chenu.*

Charles Coypel.

81 Un jeune homme aſſis, qui fait dire ſa bonne avanture par une jeune Bohémienne habillée pittoreſquement; la tête d'un Negre ſe voit entre eux. Ce tableau gracieux eſt un de ceux dans lequel *C. Coypel* a le mieux réuſſi. Il eſt peint ſur toile, hauteur 2 pieds 6 pouces 6 lignes, largeur 2 pieds.

82 Le buſte d'un Avocat, la tête baiſſée ſur ſa main gauche, dont le coude paroît appuyé ſur une table, il tient de ſon autre main un mouchoir. Ce morceau peint ſur carton eſt découpé; en le mettant ſur une table avec un livre, il fait la plus grande illuſion.

Pierre Subleyras.

83 Un Buſte de femme, vue de face, la tête de profil. Ce Tableau de mérite eſt peint ſur une toile d'un pied 11 pouces de haut, ſur un pied 6 pouces de large.

Pierre-Charles Tremoliere.

84 Venus tenant un carquois, & l'Amour une fléche, il eſt aſſis ſur elle: ce Tableau eſt fin de deſſein & très agréable, il eſt peint ſur une toile qui porte 2 pieds 11 pouces 6 lignes de haut, ſur deux pieds 5 pouces de large.

Robert Tourniere.

85 Une Femme qui chante, accompagnée d'un jeune homme qui joue de la flute, ils ſont proche d'un ap-

pui de croiſée où ſont repréſentés des enfants en bas relief. Ce Tableau eſt dans le goût Hollandois ; il eſt peint ſur bois, hauteur 14 pouces, largeur 9 pouces 6 lignes.

Delien.

86 Le Portrait de ce Peintre, repréſenté en bonnet, veſte noire, le col & les manches de ſa chemiſe déboutonés, ſa main droite eſt poſée ſur ſon menton, & ſa gauche ſur une toile. Ce Tableau a un mérite particulier, il eſt peint ſur une toile qui porte 2 pieds 10 pouces de haut, ſur 2 pieds 3 pouces 6 lignes de large.

Chantrau.

87 Un vieillard aſſis dans un fauteuil; ce tableau ragoutant, & peint dans le ſtyle de *Rembrandt*, eſt ſur bois, hauteur 13 pouces 3 lignes, largeur 10 pouces.

Carle Vanloo.

83 Enée qui porte ſon pere Anchiſe.

La touche libre, le coloris vigoureux, & le génie de la compoſition qu'on trouve dans ce tableau, ont mérité à ſon Auteur une réputation des plus conſtantes, il l'a fait après ſon retour d'Italie, & néanmoins nous n'en connoiſſons pas qui ſoient plus ſavants. Il eſt peint ſur une toile de 3 pieds 4 pouces de haut, ſur 3 pieds 3 pouces 6 lignes de large. *N. Dupuis* en a gravé une eſtampe qu'il a dédiée à M. de Julliene.

89 Un Tableau, compoſé de ſept figures, peint ſur bois, qui porte 17 pouces de haut, ſur 14 de large. René Eliſabeth Marié Lepicié l'a gravé ſur le titre du *contrat de mariage*.

Ce morceau eſt du même *faire* que le précédent.

Dumont le Romain.

90 Le Buſte de ce Peintre, en robe de chambre verte bordée d'hermine, un bonet de velours ver bordé d'or ſur ſa tête. Ce Tableau très bien

peint ſur toile, porte 2 pieds de haut, ſur un pied 7 pouces de large.

Belle, le pere.

91 Un Tableau de beaucoup de mérite, peint ſur une toile de 3 pieds 7 pouces de haut, ſur 2 pieds 9 pouces de large; il repréſente un portrait de femme, vue juſqu'aux genoux, elle porte une robe & une coëffe noire, & tient d'une main ſa robe, & de l'autre, un éventail.

François Boucher.

92 La Naiſſance & la Mort d'Adonis, Tableaux peints ſur toile, de chacun 2 pieds de haut, ſur 2 pieds 6 pouces de large.

Ces deux morceaux ſont très ſavants, & d'un coloris vigoureux. *Aubert* les a gravés.

93 Un autre Tableau auſſi très ragoûtant, ſon ſujet eſt le Sacrifice de Gédeon. Il eſt peint ſur une toile qui perte 3 pieds 11 pouces de haut, ſur 2 pieds 7 pouces de large.

Jean-Baptiſte Benard.

94 Une Fête de Village, & une Foire où l'on voit des bœufs, des vaches & des moutons.

Les compoſitions de ces deux tableaux ſont riches & les ſites agréables ; les plus habiles Artiſtes les regardent avec plaiſir. Ils ſont peints ſur bois, & chacun porte 7 pouces 6 lignes de haut, ſur 10 pouces 6 lignes de large. M. *Labée de S. Non*, les a gravés à l'eau forte.

Charles Natoire.

95 Le Triomphe de Bacchus & celui d'Amphitrite. Ces Tableau ſont bien deſſinés, très bien compoſés & des plus conſidérés de *Natoire*, ils ſont chacun ſur une toile qui porte 2 pieds 6 pouces de haut, ſur 3 pieds un pouce de large.

96 Un Tableau du même Maître, peint dans le ſtile de *F. le Moine*, il repréſemte l'Amour & Pſiché. Sa forme eſt ovale ; il eſt ſur une toile

de 3 pieds de haut, ſur 3 pieds 10 pouces de large.

Sebaſtien Chardin.

97 Deux Tableaux peints ſur toile, de chacun 15 pouces de haut, ſur 17 pouces 6 lignes de large, l'un repréſente l'Education, c'eſt une mere qui fait réciter l'Evangile à ſa fille, & l'autre l'étude du deſſein ſous la figure d'un jeune homme qui deſſine d'après la boſſe. Ces deux morceaux ont été faits pour le Poſſeſſeur de ce Cabinet : ils ſont gravés par *Philippe Le Bas.*

Jean-Baptiſte-Marie Pierre.

98 Une Fuite en Egypte : ſur le premier plan ſont placées deux belles vaches & des moutons ; à droite proche d'une tente deux hommes & deux femmes à genoux regardent la Vierge & l'Enfant Jeſus ſuivis par S. Joſeph qui retient l'âne, ils paſſent au travers des rochers que l'on voit ſur un plan élevé & un peu éloigné.

Ce tableau intéreſſant de composition, a un coloris frais & agréable ; les différens effets de lumiere en augmentent le mérite. Il est peint sur une toile qui porte 5 pieds 4 pouces de haut, sur 4 pieds 3 pouces de large.

99 Un autre bon tableau peint sur cuivre de 2 pieds de haut, sur 1 pied 6 pouces de large. Il représente Hercule qui fait dévorer Diomede par ses chevaux : c'est la même composition que celle du tableau que M. *Pierre* a exécuté pour sa réception à l'Académie.

J. M. Vien.

100 Dédale qui attache des aîles à son fils Icare : figures de 2 pieds 6 pouces de proportion.

Ce tableau fait beaucoup d'honneur à son Auteur par le dessein, les expressions & la couleur. Il est peint sur toile de 5 pieds 5 pouces de haut, sur 3 pieds de large.

101 Susanne entre les deux Vieillards;

ce tableau peint grassement est sur une toile qui porte 2 pieds de haut, sur 2 pieds 6 pouces de large. *Beauvarlet* l'a gravé du tems qu'il étoit dans le Cabinet de M. le Comte de Vence.

102 Le buste d'une Vierge, peint à l'encaustique, sur bois; hauteur 7 pouces, largeur 5 pouces 6 lignes. Ce petit tableau piquant, a été gravé dans la maniere du crayon.

Joseph Vernet.

103 La fin d'un orage sur mer, & la vue du Port de *Civita Vecchia.*

Ces deux tableaux intéressans de composition, enrichis de beaucoup de figures, & qui ont de beaux effets vaporeux, sont dignes d'orner les plus beaux Cabinets de l'Europe. Ils sont peints sur toile, & chacun porte 2 pieds 4 pouces de haut, sur 4 pieds 3 pouces de large.

104 Un tableau peint sur toile de 18 pouces de haut, sur 2 pieds de lar-

ge : on y remarque un antre dans des rochers, des fabriques, des matelots qui font un grand feu, & trois autres hommes, l'un deſquels pêche à la ligne proche d'un bateau.

Ce morceau repréſenté au clair de la lune eſt d'un effet ſurprenant. M. *Marcenay de Guy*, l'a gravé ſavamment dans la maniere de *Rembrandt*.

M. Voiriot.

105 Le célebre Fontenelle, peint peu d'années avant ſa mort : on le voit à mi corps dans ſon cabinet, le coude droit poſé ſur des livres Ce tableau eſt peint ſur toile de 2 pieds 6 pouces de haut, ſur 2 pieds de large ; il eſt gravé à l'eau forte par un Amateur.

Louis le Lorrain.

106 L'apothéoſe d'Hercule, d'après le platfond de *François Le Moine*, qui eſt à Verſailles dans le ſalon d'Hercule. Il eſt peint ſur une toile

qui porte 9 pieds 2 pouces, sur 9 pieds.

M. Hallé, le fils.

107 Io changée en vache, qui se retrouve au milieu de sa famille. Ce tableau agréable, de bonne couleur, & expressif, est peint sur une toile de 3 pieds 3 pouces de haut, sur 4 pieds 11 pouces de large.

Jean Baptiste Greuze.

108 Le portrait de ce Peintre peint par lui même; il s'est représenté presque à mi corps, la tête découverte, le col de sa chemise déboutonné, & en robe de chambre bleuâtre.

Ce tableau qui a le mérite des morceaux que cet habile Artiste fait si bien perfectionner, est peint sur une toile de 23 pouces de haut, sur 18 pouces 6 lignes de large.

109 Un enfant boudeur qui renfonce sa tête dans ses épaules, il est en

buste, a des cheveux blonds, un habillement blanc, & un tablier dont la bavette est à moitié détachée. Ce tableau qui a beaucoup d'expression, est peint sur une toile qui porte 16 pouces 6 lig. de haut, sur 14 pouces de large.

110 Le pendant du précédent tableau représentant une petite fille qui a ses deux bras posés sur une table & tient un Capucin de bois.

111 Un jeune garçon qui a le coude & le bras posés sur une table, & qui s'endort sur son livre ouvert; une jeune fille qui s'endort aussi, mais en tricottant, figures à mi-corps. Ces deux tableaux d'un très bon style, & d'une grande vérité, sont peints sur toile : chacun porte 2 pieds de haut, sur un pied 8 pouces de large. *Flipart* a gravé la jeune fille.

112 Un Aveugle assis, trompé par sa femme qui lui donne une main & présente l'autre à son amant, qui sort de la cave tenant un pot de bierre qu'il renverse.

Ce tableau est d'un coloris plein

de ragoût, les caracteres des figures & les attitudes sont bien rendues, aussi fait-on une distinction particuliere de ce morceau, qui est peint sur une toile de 2 pieds de haut, sur 1 pied 8 pouces de large : il a été très bien gravé par *Laurent Cars.*

113 Le Pere de famille lisant la Bible.

Les Connoisseurs, Juges certains & bons appréciateurs des talens, mettent ce tableau au rang des plus distingués de *Greuze*, son auteur. *P. F. Martinasi* l'a gravé en 1759. Il est peint sur une toile qui porte 2 pieds de haut, sur 2 pieds 6 pouces de large.

114 Un tableau gracieux, peint sur toile de 2 pieds 3 pouces 6 lignes de haut, sur 1 pied 10 pouces 6 lignes de large ; il représente une jeune fille assise, vue presque de face & jusqu'aux genoux ; elle dévide une

pelote de fil, un petit chat ſur une table, joue avec ce fil, elle tient ſur elle un panier. *Flipart* a gravé ce morceau.

115 Un joli tableau repréſentant une femme aſſiſe qui ſavonne du linge. Il eſt gravé par *Danzel*, ſous le titre de la Blanchiſſeuſe.

Charles Hutin.

116 La Marchande de moutarde, & une autre Saxonne. Ces deux tableaux qui ſont d'une bonne maniere, ſont peints ſur toile, & chacun porte 2 pieds 6 pouces de haut, ſur 1 pied 8 pouces de large.

M. Machy & Deshays.

117 L'intérieur de la nouvelle Egliſe de Sainte Genevieve de Paris.

L'effet piquant de lumiere & le beau fini de ce tableau, font connoître les grands talens du ſieur *Machy*; *Deshays* en a peint les figures; il eſt ſur une toile de 5 pieds de haut, ſur 4 pieds de large.

M. Doyen.

228 Une femme habillée approchant comme on l'étoit du tems de Henri IV : elle eſt aſſiſe vue preſque juſqu'aux genoux, elle tient un livre & un chien ſur elle. De très beaux reflets & une couleur ſéduiſante rendent ce tableau bien agréable ; il eſt peint ſur toile de forme ovale & porte 2 pieds 2 pouces 6 lignes de haut, ſur 1 pied 9 pouces 6 lignes de large.

M. La Grenée.

119 Deux tableaux peints ſur toile, chacun porte 2 pieds 3 pouces 6 lignes de haut, ſur 3 pieds de large. Le premier repréſente deux femmes Romaines qui tiennent un livre de muſique, & un enfant qui en tient un autre. Le ſecond eſt compoſé d'une femme qui s'amuſe avec une tourterelle, d'un enfant qui tient un chat, & d'un autre enfant qui ſouffle des boules de ſavon. La principale figure de chacun de ces tableaux ſe trouve gravée par *Etien*-

ne Fessard, l'une a pour titre *le Chant*, & l'autre *la Tourterelle*.

M. Robert.

120 Les Ruines du fameux portique du Temple de Balbec à Héliopolis ; & un pont, sous lequel on voit les campagnes de Sabine à quarante lieues de Rome.

Ces deux morceaux ragoutans de coloris, sont peints sur toile, chacun porte 17 pouces 6 lignes de haut, sur 24 pouces de large.

M. Drouais, le fils.

121 Un jeune Ecolier & une petite fille avec un chapeau de paille. Ces deux tableaux des plus agréables, d'un charmant effet, d'un coloris agréable, & remplis d'intelligence, sont peints sur toile de forme ovale : chacun porte 2 pieds de haut, sur 1 pied 6 pouces de large.

M. Roland de la Porte.

122 Un Christ peint à l'imitation d'un

bronze, placé sur un fond d'étoffe rouge.

On ne croit pas possible de porter plus loin l'illusion, c'est un morceau en ce genre le plus parfait qu'il y ait. Il a en totalité 3 pieds 7 pouces 6 lignes de hauteur, sur 1 pied 10 pouces 6 lig. de largeur.

123 Un autre morceau d'un aussi grand mérite, peint sur toile de 2 pieds 3 pouces de haut, sur 1 pied 10 pouces de large; il représente le médaillon de Vespasien, à l'imitation d'un bas relief de marbre, dans une bordure dorée, un nœud de ruban vert au dessus & un cordon qui le tient attaché à un clou sur un panneau de bois de noyer.

124 Un devant de cheminée où sont representés des cheners, une pelle, & des pincettes, du bois & du papier; c'est encore un morceau savant, & dont l'illusion est portée au plus haut dégré; il est peint sur une toile de 2 pieds 6 pouces, sur 3 pieds 9 pouces

125 Deux tableaux imitants parfaitement la nature ; ils sont peints sur toile, chacun porte 14 pouces de haut, sur 17 pouces de large. L'un représente un panier de six pêches, deux petits pains & une branche de géroflée sur une table ; l'autre est composé d'un panier de prunes & des amandes aussi sur une table. 120 1 Le Brun

M. Prevost.

126 Des fleurs dans un vase : ce tableau bien composé a beaucoup de fraicheur ; il est sur une toile de 22 pouces de haut, sur 18 pouces 6 lig. de large. 80

127 Un autre tableau représentant des fleurs, dans le goût de Baptiste, sur une toile de forme ronde, qui porte 21 pouces de hauteur, sur 18 pouces de largeur. 4 16

128 Un sujet d'enfans peints en grisaille, sur une toile de 14 pouces de haut, sur 2 pieds 7 pouces de large. 9 1

TABLEAUX

Peints en pastel, montés sous verre & bordure.

Rosalba Cariera.

129 LE portrait de *Watteau*, représenté en buste : on voit le haut d'une chaise sur laquelle il est supposé assis ; hauteur 12 pouces, largeur 10 pouces.

Ce morceau est savant & d'un style admirable.

130 Une très belle tête de femme, vue de trois quarts les yeux élevés : ce pastel fait à la *presto* sur papier petit bleu, est tout esprit & plein de ragoût ; il porte 12 pouces de hauteur, sur 10 pouces de largeur.

131 Un autre pastel fini, sur velin, par *Rosalba* ; il représente l'Hiver sous la figure d'une jeune femme en cheveux qui s'enveloppe d'une fourure

ture & d'une draperie rouge : hauteur 1 pied 11 pouces, largeur 1 pied 6 pouces 6 lignes.

Joseph Vivien.

132 Le portrait de M. l'Abbé Lalouette, Aumônier de Louis XIV, peint avec toute la force & le précieux que l'on puisse donner aux morceaux de ce genre. Il porte 2 pieds de haut, sur 2 pieds 6 pouces de large.

François Le Moine.

133 Le portrait de Louis XV en buste à l'âge de 19 ans, pour servir d'étude au grand tableau qui est à Versailles dans le sallon de la paix ; on ne peut douter de la bonté de ce morceau, qui porte 19 pouces 6 lig. de haut, sur 16 pouces de large.

Charles Coypel.

134 Une femme âgée, d'un caractere ridicule, à sa toilette ; une femme de chambre lui met sa coëffure, & un Amour qui tient une fleche, semble s'envoler. Ce morceau a 29 pou-

ces de haut, ſur 23 de large.

Mlle. Natoire.

135 Le buſte d'une jeune femme tenant un maſque : hauteur 14 pouces 6 lignes, largeur 11 pouces 8 lignes.

136 Un autre buſte de femme : hauteur 12 pouces, largeur 10 pouces.

Jean-Baptiſte Greuze.

137 Une belle étude de la tête de la jeune Mariée du beau tableau de la nôce de Village qui eſt dans le Cabinet de M. le Marquis de Marigny. Ce paſtel porte 1 pied 1 pouce de haut, ſur 10 pouces de large.

Peintures à gouache, & Miniatures ſous verre.

138 Un morceau peint à gouache, d'après *Philippe Wouwermans* : c'eſt le Manége dont on connoit l'eſtampe gravée par *Thomas Major.* Il porte 20 pouces de hauteur, ſur 17 pouces de largeur.

139 Les Forges de Vulcain ; cette mi-

niature agréable eſt peinte par Madame *Boucher :* hauteur 5 pouces 4 lignes, largeur 4 pouces.

140 Des fleurs dans un vaſe de porcelaine bleue ſur une table, par *Prevoſt le jeune* : hauteur 11 pouces 3 lignes, largeur 8 pouces 4 lig.

141 Un grand & beau papillon, peint en miniature ſur velin par *Me Vien*, hauteur de ce morceau 3 pouces, largeur 5 pouces 6 lignes.

142 Quatre papillons ſur une autre feuille de velin, auſſi par *Me Vien :* hauteur 4 pouces, largeur 6 pouces 6 lignes.

143 Deux morceaux de chacun 12 pouces de haut, ſur 10 pouces, peints d'après nature ſur papier bleu, par *Perignon*, dans l'un eſt repréſenté un bouquet de neuf renencules, dans l'autre, différentes fleurs & un papillon.

Deſſeins ſous verre.

Pierre-Paul Rubens.

144 Notre Seigneur crucifié, dont on trouve l'eſtampe gravée par *Paul*

Pontius, appellée vulgairement le Chriſt au coup de poing.

Ce deſſein eſt à la pierre noire & à l'encre, rehauſſé de blanc, de gris, & d'un peu de couleur au pinceau ſur papier gris ; il eſt d'une fineſſe & d'une intelligence ſurprenante, la haute eſtime qu'on en a eſt bien méritée. Il porte 22 pouces 6 lignes de haut, ſur 13 pouces 6 lignes de large.

Robert Nanteuil.

145 Un beau portrait d'homme à mi-corps, deſſiné aux trois crayons ſur papier gris, de 8 pouces 6 lignes de hauteur, ſur 6 pouces 9 lignes de largeur.

Charles le Brun.

146 Le Triomphe de Neptune & d'Amphytrite ; grande compoſition à la plume & lavé. Ce morceau a 19 pouces de haut, ſur 2 pieds 10 pouces 6 lignes de large : il eſt ceintré du haut.

147 Notre Seigneur ſuccombant ſous le poids de ſa croix & allant au Calvaire ; ce deſſein à la ſanguine rehauſſé de blanc par *Simonneau l'aîné*, porte 2 pieds de haut, ſur 2 pieds 9 pouces de large.

Carle Vanloo.

148 Saint Charles Boromée qui donne la Communion à une peſtiferée : ce morceau où tout annonce le mérite ſuperieur de l'Artiſte, eſt aux trois crayons & eſtompé, il eſt ceintré du haut : hauteur 13 pouces 6 lignes, largeur 8 pouces 6 lignes. Le tableau eſt dans la Chapelle de M. de Vintimille à Notre Dame de Paris.

Louis le Lorrain.

149 La vue du Temple de Jupiter Olympien à Athenes, deſſiné, eſtompé, lavé de ſanguine & rehauſſé de blanc, enrichie de figures. Ce deſſein eſt très agréable & piquant ; il a 10 pouces 6 lignes de hauteur, ſur 16 pouces 6 lignes de largeur.

M. Vailly.

150 Une riche composition d'un grand effet, c'est un Temple où l'on se dispose à sacrifier un bœuf que l'on amene, on y compte 25 figures toutes spirituelles. Ce morceau qui est dessiné à la plume & lavé de bistre, a 6 pouces 6 lignes de haut, sur 7 pouces de large.

Figures, Bustes & Vases de marbre & de terre cuite.

On ne peut assez donner d'éloges aux morceaux de marbre & de terre cuite qui forment cette collection, ils ont été rassemblés avec les plus grands soins & une connoissance très étendue ; les Artistes de nos jours ont cherché à n'y placer que ce qui pouvoit le plus tendre à leur réputation ; par conséquent on peut être certain qu'il n'y a que l'occasion de cette vente qui puisse parfaitement enrichir les Cabinets en fait de morceaux de ce genre : ils ſont preſque tous ſur des pieds ou ſocles de bois doré.

Figures de Marbre blanc.

Pierre Le Gros.

151 Un morceau admirable de 27 pouces 6 lignes de hauteur ; c'eſt le Satyre Marſias, lié par les bras à un arbre.

Jean-Baptiſte Pigalle.

152 Hercule dormant debout, ſa tête eſt ſoutenue par ſa main droite, il a ſa gauche poſée ſur ſa maſſue : ce marbre eſt de 2 pieds 7 pouces de hauteur.

Les talens connus de l'Auteur de cette figure, ne laiſſent point à douter de ſa grande beauté.

Etienne Falconnet.

153 Un Amour enfant, aſſis, tirant une fleche de ſon carquois d'une

main, & de l'autre fait un signe malin par un doigt qu'il porte à sa bouche.

Ce joli & gracieux morceau de 24 pouces de haut, est le même qui a été exécuté en grand par l'Auteur pour le Château de Belle vue.

Louis Claude Vassé.

154 L'Amour adolescent qui rassemble les colombes de Venus; il est assis & baissé, la jambe droite en avant, & la gauche en arriere, il tient une colombe sur son genoux droit, & en prend une autre sur son carquois qui est à terre. Ce morceau est d'un beau travail : on y remarque la pureté du dessein & beaucoup de souplesse.

155 L'étude représentée par une femme assise, lisant, les jambes allongées, il y a des livres & du papier à ses pieds, un coq & un rouleau de papier derriere elle. La noblesse que l'on admire dans cette figure, les draperies simples & belles, &

le beau fini de ce morceau, le rendent admirable : il porte 18 pouces.

Jean-Jacques Caffieri.

156 La Sybille Erythrée.

Cette figure de 2 pieds 4 pouces de hauteur, composée & exécutée dans le style de l'antique, fait honneur à son Auteur.

M. Tassard.

157 Un petit enfant debout, emmailloté, & vu presque à mi-corps : hauteur 9 pouces 6 lignes sur un pied-douche de 3 pouces 6 lignes, posé sur un pied de marqueterie avec des ornemens dorés d'or moulu.

Ce morceau est tout-à-fait intéressant par la délicatesse de son travail & la belle exécution.

M. * * *.

158 Le buste du Cardinal de Richelieu, de 14 pouces de haut.

159 Les portraits de M. Fenelon & de M Boſſuet.

160 Ceux de Colbert & de Seguier.

161 Le Prince de Condé & M. de Turenne.

162 Les deux Poëtes Corneille.

163 Le Pouſſin & Charles le Brun.

Vaſes de Marbre.

Jean-Jacques Caffieri.

164 Deux vaſes de très belle forme, enrichis d'ornemens à l'antique, des dragons forment les anſes, & s'entrelaſſent à des guirlandes de feuilles de laurier. Ils portent chacun 22 pouces, non compris des pieds de forme ronde de la plus parfaite exécution, par *Philippe Caffieri.* Ils ſont compoſés d'entre-las à roſette & petits fleurons, d'un quart de rond, de lauriers en lozange, & de filets & platte bandes, dorés d'or moulu, ſur un fond d'ébene : hauteur 5 pouces.

M. Sigisbert.

165 Deux vaſes avec leurs couvercles,

ils ſont enrichis d'une guirlande, qui attachée à un clou paſſe par des anneaux : ils portent chaque 14 pouces de haut.

166 Deux vaſes de lumaquelle, ornés chacun de deux anſes à l'antique & maſques au bas, un cercle composé autour du couvercle, une pomme de pin & roſette au deſſus, un ſocle, le tout de bronze doré d'or moulu : chacun porte 11 pouces de haut.

Figures & Buſtes de terre cuite.

Michel Van-Beveren, d'Anvers.

167 Un Chriſt deſcendu de la croix : ce morceau de 15 pouces de hauteur, eſt très eſtimable.

Pierre Puget.

168 L'enlevement d'Helene, groupe composé de trois grandes figures & d'un enfant : il porte 3 pieds de hauteur.

La force du génie de ce grand

Artiſte, s'annonce dans ce morceau.

Pierre le Gros.

169 Saint Grégoire revêtu de ſes habits ſacerdotaux, & tenant un livre ouvert : hauteur 21 pouces. Cette figure faite en marbre par l'Auteur ſe voit à Rome, elle y eſt en grande conſidération.

170 Trois figures peu terminées, de chacune 8 pouces 6 lignes, poſées ſur un pied de bois doré de 2 pouces 6 lignes de hauteur & 17 pouces de largeur.

171 Une Veſtale, figure en pied de 29 pouces de hauteur.

Nous ne ſavons pas ſi cette figure priſe d'après l'antique, eſt plus belle que l'original, nous nous en rapportons à ceux qui ont vu l'un & l'autre, & qui nous ont certifié qu'elle étoit plus belle que l'antique. Ce morceau eſt effectivement d'un mérite très éminent; la pareille figure

gure faite en grand par *le Gros*, eſt dans le jardin des Tuileries.

Pierre le Pautre.

173 Enée portant ſon pere Anchiſe, & tenant ſon fils par la main. Ce beau groupe porte 21 pouces de haut; il étoit anciennement dans la ſalle d'aſſemblée de l'Académie de Saint Luc, & on ne ſait comment il a diſparu : on voit la même compoſition exécutée en marbre dans le Palais des Tuileries, par le même Auteur.

Antoine Coiſevox.

174 Le buſte de M. de Vauban, de grandeur naturelle : hauteur 17 pouces, ſur un pied douche de marbre de Flandres, de 5 pouces 6 lignes, & un pied de bois noirci de 4 pouces 6 lignes.

Jacques Sarraſin.

175 Un groupe de deux enfans qui jouent avec une chevre, l'un la tient entre ſes jambes, l'autre aſſis à côté

d'elle, lui donne à manger des raisins. Ce morceau très distingué est bronzé par *Martin* : il porte environ 8 pouces de haut, non compris un pied de marqueterie de *Boule*.

Robert le Lorrain.

176 Un Fleuve, figure assise qui a la tête retournée, son bras droit est posé sur une urne d'où sort l'eau. Ce morceau de 10 pouces de hauteur, sur 14 de longueur, est posé sur un pied de bois noirci.

Michel Anguier.

177 Une Amphytrite, figure debout de 18 pouces de haut : on la voit en grand exécuté en marbre dans les jardins de Versailles.

Jacques Bousseau.

178 Ulysse tendant un arc : hauteur 27 pouces, y compris un socle de 18 lignes, sur lequel sont un casque, un carquois & un bouclier proche d'un tronc d'arbre qui sert d'appui à cette figure.

Nicolas Coustou.

179 Jules-César, belle figure de 22 pouces 6 lignes, y compris un socle de 18 lignes.

Guillaume Coustou.

180 Deux morceaux en pendants, représentants chacun un cheval fougueux retenu par un esclave ; ils ont été exécutés en marbre pour l'abreuvoir de Marly.

181 Le Dieu Pan, assis sur un rocher, s'y soutenant de la main droite, pendant que de la main gauche il tient le bras d'Apollon qui est debout : ce groupe a 24 pouces de hauteur.

François La Datte.

182 Judith qui tient la tête d'Holopherne ; cette figure qui annonce un grand caractere, porte 36 pouces de haut.

183 Les bains de Diane ; cette Déesse est assise sur le haut d'un rocher, une Nymphe à genoux sur une draperie lui essuie le pied droit, une

autre presque debout lui présente des flacons dans une corbeille, deux enfans jouent avec une levrette : ce groupe porte 18 pouces de haut, sur 21 pouces de large dans le bas.

184 Un autre groupe bien composé par le même *La Datte*, représentant le Génie des Arts, il peut servir de pendant au précédent.

Edme Bouchardon.

185 Une belle figure de Saint Jean l'Evangéliste : hauteur 23 pouces. Elle a été exécutée en pierre de Tonnerre dans le chœur de S. Sulpice à Paris.

186 La Sainte Vierge envelopée dans son manteau : hauteur 19 pouces, a aussi été exécutée par l'Auteur pour l'Eglise de S. Sulpice.

Michel Ange Slodtz.

187 Deux bustes, grands comme nature & en regard ; l'un représente Iphigenie, Prêtresse de Diane, & l'autre Calchas grand Prêtre ; chacun porte 22 pouces, y compris des pieds de 4 pouces. Ces deux mor-

ceaux & celui de l'article ſuivant, traités noblement, & d'une grande maniere, annoncent un Artiſte du premier ráng, ils méritent d'autant plus de conſidération, que l'on en trouve très peu de ce Maître.

188 L'amitié repréſentée par une femme en cheveux avec des épis de bled en forme de couronne ſur la tête: ſon pied droit eſt poſé ſur un ſerpent & un maſque, elle careſſe un chien: ce morceau a 24 pouces de haut.

M. Le Moine.

189 Le portrait de Madame la Comteſſe de Feuquieres, en buſte de 14 pouces de hauteur, poſé ſur un pied-douche de marbre d'Antin de 4 pouces.

Etienne Falconet.

190 Milon de Crotone renverſé & dévoré par un lion qui lui ſaiſit la cuiſſe droite. Ce morceau ſoutiendra la comparaiſon avec ce qui eſt le plus eſtimé: il porte 22 pouces de hauteur.

Jean-Baptiste Pigalle.

191 Une belle figure de Venus, assise : hauteur 21 pouces.

Jacques-François Joseph Saly.

192 Pan, Sirinx & le Fleuve Penée, très joli groupe de 1 pied de haut : cet ouvrage n'a pas été exécuté ailleurs.

193 Un Faune qui tient une chevre : c'est le modele fait à Rome pour le marbre que l'Auteur a exécuté à l'Académie de France pour son morceau de reception.

M. Berruer.

194 La Sybille de Cume, figure debout : hauteur 18 pouces.

195 Quatre groupes représentant les saisons, composés chacun de trois enfans avec des attributs : hauteur 7 & 8 pouces.

Simon Challe.

196 M. de Turenne couché & dormant sur un canon. Ce morceau est d'une belle exécution : il porte 12

pouces de haut, ſur 2 pieds 6 pouces de longueur.

197 Une Nayade, figure très gracieuſe, & d'un beau deſſein. Ce morceau a été exécuté par l'Auteur pour ſa réception à l'Académie : il porte 27 pouces de haut.

198 Un autre joli morceau repréſentant le Berger Fauſtus, qui détache Œdipe de deſſus l'arbre où il étoit expoſé : hauteur 2 pieds 8 pouces.

M. Claudion.

199 Une Veſtale portant le feu ſacré ; hauteur 9 pouces.

Vaſes & Animaux.

De La Rue.

200 Quatre vaſes, ſur chacun ſont deux enfans & des attributs qui caractériſent les ſaiſons, ils portent 15 pouces de hauteur. Cet Artiſte mort depuis peu de tems, a joui d'une réputation dûe à ſes grands talens.

M. Sigisber.

201 Un vaſe à deux anſes, orné d'une

belle guirlande & feuilles en relief : hauteur 15 pouces.

202 Un autre vase de 16 pouces de hauteur, ses anses sont formés par deux serpens qui mordent le goulleau dudit vase, & s'entrelacent au pourtour.

*M.***.*

203 Un chien qui se repose sur ses pattes ; il est posé sur un pied d'ébene en marqueterie, orné de filets & masques doré, d'or moulu : ouvrage de *Boule.*

Bas Relief.

Franç. Flamand, dit *le Quesnoi.*

204 Trois enfants, dont un monté sur une chevre qui se cabre. Ce morceau cintré du haut, porte 6 pouces 6 lignes, sur 5 pouces 6 lignes de large, dans une bordure chantournée de bois doré.

Edme Bouchardon.

205 Une femme qui pleure, repré-

ſentée en relief, de 23 pouces 6 lignes de haut, ſur 12 pouces de large, renfermée dans une boîte noire avec bordure qui a une moulure dorée. Ce morceau dans le goût de l'antique, & d'une belle exécution, eſt le modele du tombeau pour Madame la Ducheſſe de Lauraguais, dans l'Egliſe de S. Sulpice.

M. ***.

206 Un bas relief, ceintré du haut, de 7 pouces 3 lignes, ſur 5 pouces de large, en bordure noircie. Il repréſente cinq enfans, dont trois s'amuſent avec un tigre.

207 Le modele d'un tombeau : hauteur 15 pouces 3 lignes, largeur 10 pouces.

208 Deux morceaux compoſés chacun d'une belle roſe de relief, faites par un habile Artiſte.

209 Pluſieurs ſujets & animaux en bas relief, dont on compoſera pluſieurs articles.

Morceaux en ivoire & en bois.

Franç. Flamand, dit *le Quesnoi.*

210 Deux petits Enfans debout, groupés ensemble, dont un souffle dans un cornet; hauteur 3 pouces: & un troisieme enfant couché à terre, renfermés dans une case d'ébenne avec des glaces.

211 Deux autres morceaux en pendans de ronde bosse, portant chacun 4 pouces 6 lignes, non compris des pieds de bois noirci. L'un représente un vieux Mandiant; l'autre une Femme avec un enfant sur son dos, & un dans ses bras à qui elle donne à tetter.

M. Challe, Menuisier.

212 Les cinq ordres d'architecture. Ces colonnes en bois portent chaque 15 pouces de hauteur: elles sont de juste proportion & faites avec toute la propreté & la capacité que l'on connoît à son auteur.

213 Un morceau de colonne cannelée du haut, faite pour servir de

pied à une figure. Elle eſt peinte en porphyre, & porte 4 pieds de haut, ſur 15 pouces de diametre; elle a ſur ſon deſſus un plateau tournant.

Ouvrage de Cire & de Plâtre.

214 Une tête de femme, par *François Girardon.* On la croit une étude d'après nature de Madame de Louvois : elle eſt de cire bronzée, ſur un pied de bois noirci.

215 Une belle figure de femme, drapée d'un beau ſtyle, par *M. Pajou.* Elle tient une palette & des pinceaux d'une main, & de l'autre un porte-crayon. Hauteur 4 pieds 6 pouces.

216 La Paix, ſujet allégorique, repréſentée par une femme qui de la main gauche met le feu avec une torche à un faiſceau d'armes, & de l'autre tient le Dieu Plutus Ce morceau eſt du même *Auteur* que le précédent. Il porte 2 pieds [illegible] pouce de hauteur. L'original eſt chez M. le Duc de Choiſeul.

217 Une femme aſſiſe près d'un ſep de vigne, d'où elle prend une grape

de raisin : un Amour la regarde. Ce morceau, qui est de *François la Datte*, est de 3 pieds de haut.

218 Un enfant assis tenant une cage, par *J. B. Pigal e.*

219 Un homme en bonnet, espece de Matelot, assis & jouant aux dés. Ce plâtre est de M. Gillet.

DESSEINS.

220 UN très beau Paysage & Vue de riviere, colorés par *Lucas van Uden*. Hauteur 8 pouces, largeur 13 pouces.

221 Seize Desseins de *Molyn*, *Livins*, & autres Paysagistes.

222 Vingt-neuf Etudes de figures, par *D. Teniers*, *van Helle*, & autres.

223 Six Desseins flamands, dont un coloré dans le goût d'Ostade, & un paysage avec figures & un Temple, peint à gouache par *Willem Baur.*

224 Dix Etudes de figures & têtes à la sanguine, par *Antoine Watteau.*

225 Quatorze autres aussi par *Wateau*, dont plusieurs aux trois crayons il s'y trouve des contre épreuves.

226 Une académie à la sanguine, par *Ghezzi*. Et onze sujets & paysages, par *P. Testa*, *Grimaldi*, & autres.

227 Douze desseins, dont deux d'*Eustache le Sueur*, & un de *C. Vanloo*.

228 Une femme & trois enfans dans une salle basse, & la vue d'un moulin à eau dans un paysage. Ces deux beaux desseins, le premier à la plume & lavé de bistre le second fait au fusin, sont de *François Boucher*.

229 Quarante-six desseins d'académie, études de mains, &c.

230 Trente six desseins, tous de Maîtres différens des trois Ecoles, avec leurs portraits en estampe, & des notes & explications historiques sur chacun d'eux écrites à la main. *vol. in 4°. mar. avec dentelle d'or.*

Ce recueil est intéressant & mérite attention.

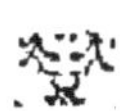

Recueils, Livres, & ſuite d'Eſtampes.

231 Un recueil de 612 eſtampes de *la Bella*, dont parties ſont anciennes épreuves. *vol. in fol. par.*

232 Les tableaux du Cabinet du Roi en trente-huit morceaux. *in fol. v.*

233 Les Médailles de Louis le Grand, avec des explications hiſtoriques, en 290 feuilles chiffrées. *Paris, de l'Imprimerie Royale*, 1702, *in fol. veau.*

234 Le Sacre de Louis XV. *in fol. v.*

235 Les glorieuſes campagnes de Louis XV, par M. *Goſmond*, grand in 4, carton, & un livre de 13 feuilles d'animaux gravés à l'eau forte par M. de *F.*

236 Les Fêtes données par la Ville à l'occaſion du mariage de Madame de France & Dom Philippe, en 1739, *in fol. veau.*

237 Le Temple des Muſes, orné de 60 tableaux, par B. Picard. *Amſterdam*, 1733. *in fol. v.*

238 Deſſeins & édifices, meubles,

habits, machines & ustensiles des Chinois, par M. Chambers. *Londres*, 1757. *in fol. v.*

239 Les ruines des plus beaux monumens de la Grece, par M. le Roi. *Paris*, 1758 *in fol. veau écaillé.*

240 *La magnificenze di Roma le piu remarcabili, &c. de Giambattista Piranesi in Roma*, 1751. *gr. in fol. obl. broché.*

241 *The heads of illustrions persons of Great Britain, &c. by Thomas Birch. London*, 1756. *in fol. en feuille dans un carton.*

242 Soixante-huit Paysages & Marines inventés & gravés par *Werotter. in 4. obl. veau.*

243 Des vues de différens endroits de la Hollande, en cent pieces chiffrées. *in 4. obl. br.*

244 La Lithologie & la Conchyliologie de M. d'Argenville. *in 4. veau.*

245 Différens cayers composans en totalité 534 vues de Villes, Palais, Châteaux, Maisons de France, d'Italie, &c. par *Israel Sylvestre.*

246 Traité de Géométrie théorique & pratique, à l'usage des Artistes, par *Sebastien le Clerc. Paris*, *Jom-*

bert, 1744. & quatre cayers composans 4 morceaux d'ajustemens & usages de Russie, composés & gravés par *J. B. le Prince.*

247 Soixante estampes composans l'œuvre de *Madame la Marquise de Pompadour*, en feuille dans un carton.

248 La Caravane du Sultan à la Mecque par *M. Vien*, en 25 morceaux : les vases de J. Saly en 30 pieces, & une suite de 12 charges d'après *Carle Vanloo.*

249 Cent trente-neuf portraits de *Nanteuil*, *Masson*, *Killian*, *Edelinck*, & autres.

Estampes en feuilles.

250 Huit portraits de *Van-Dyck*, dont sept gravés à l'eau forte par lui-même.

251 Le Maréchal de Villars, par *Drevet*, d'après *H. Rigaud*, premiere épreuve. M. le Marquis de Marigny, d'après *L. Toqué*, par *J. G. Wille*, & 6 autres portraits.

252 Jean de la Fontaine, J. B. Rousseau, & Charles Eisen, gravés par *E. Ficquet*, épreuves très belles.

253 six Estampes d'après *Solimene*, *Gambarini*, & autres.

254 Trois Marines d'après M. *Vernet*, & le Contrat de mariage d'après *Carle Vanloo*.

255 Le Paralytique servi par ses enfans, d'après *J. B. Greuze*, par *Flipart*, épreuve premiere.

256 La Blanchisseuse, la Tricoteuse, d'après *Greuze*, & quatre autres Estampes d'après *F. Le Moine*.

257 Différentes estampes dans plusieurs portefeuilles qui seront détaillées.

Meubles précieux & autres objets importans.

Ouvrages de Boule.

258 Une Bibliotheque en retour les deux côtés, en bois d'ébene : la face a 15 pieds 10 pouces, chaque côté 5 pieds 6 pouces, hauteur 5 pieds 6 pouces, & profondeur 18 pouces. Elle est composée de trois doubles portes sur la surface, & d'une double a chaque côté; les paneaux desdites portes sont de fil de laiton très proche les uns des autres; elles sont séparées par des pilastres enrichis d'ornemens incrustés en cuivre, & des masques, feuilles, bandes, &c. une corniche simple & belle qui regne au pourtour, est garnie de branches de girafolle & de feuillages; des belles franges ornent les pieds au dessus des pilastres : le tout est parfaitement doré d'or moulu, ainsi que tous les bronzes des objets suivans.

Ce morceau dont nous ne pouvons aiſément rendre l'agrément de la compoſition, le goût exquis & la grande richeſſe, eſt ce que l'on peut dire de plus décoré & de plus précieux ; il eſt d'ailleurs très connu, & l'on ſait qu'il a été fait à grand frais.

259 Un très beau bureau à quatre pieds, garni de deux tiroirs ; il eſt très riche en marqueterie de cuivre incruſté, & eſt orné de cadres, maſques, feuilles de refends & autres ornemens dorés d'or moulu.

Ce morceau eſt un des beaux que *Boule* ait fait. Il porte 2 pieds 7 pouces de haut, ſur 4 pieds 3 pouces de large, & 23 pouces de profondeur.

260 Le pareil bureau ayant quelques légeres différences dans l'ordonnance de l'architecture, & auſſi dans la compoſition des bronzes.

261 Un corps d'armoire de marque-

terie en écaille, il n'a qu'une seule porte décorée d'un Apollon en relief, qui fait écorcher Marsias; sur l'un des côtés, Bacchus, & sur l'autre un Vieillard qui se chauffe; des agraffes, fleurons, baguettes, doucines & de très beaux masques enrichissent ce morceau qui porte 3 pieds de haut, sur 3 pieds de large, & 6 pouces de profondeur.

262 Une jolie table contournée de marqueterie en écaille, à quatre pieds de biche & deux gaînes avec entre jambes : elle est très ornée de masques, gaudrons, rosettes & autres agrémens; sa longueur est de 3 pieds 7 pouces 6 lignes, largeur 17 pouces 6 lignes, & hauteur 2 pieds 5 pouces.

263 Un pied de marqueterie en écaille, garni de masques & ornemens : il porte 8 pouces de haut, 12 de long, & 7 pouces 6 lignes de large.

264 Une paire de bras composé d'une consolle d'où sortent deux branches : on y voit un dragon accroupi qui ouvre la gueule contre un crocodile qui descend d'une branche.

265 Deux chandeliers ou flambeaux

richement ornés & très bien ciselés : ils portent chacun 11 pouces de hauteur.

266 Un feu composé de deux vases ornés chacun de trois masques & d'un cartel d'ornemens qui va se joindre à une grenade allumée.

267 Une pendule sur son pied de marqueterie de cuivre écaillé, orné de bronze doré d'or moulu ; la forme de sa boîte est ronde, il y a au dessus une lampe dans le goût antique ; le mouvement est de *Rubby*.

Philippe Caffieri.

268 Un corps d'armoire qui servoit de coquiller, composé de quatre portes de face & de deux sur chaque côté, garnies de glaces qui ont chacune 16 pouces de haut, sur 13 pouces ; le dessus est en forme de pupitre, & a douze portes garnies aussi de glaces de 12 pouces de haut, sur 13 pouces. Les corps d'architecture, la frise & les portes, sont enrichis de chutes de laurier & de chênes, baguettes nouées avec des rubans, postes & fleurons, rosettes

& canaux. Le tout porte 22 pieds 4 pouces sur 2 pieds 10 pouces 6 lignes dans sa plus grande hauteur : la profondeur est de 18 pouces.

4844. 41269 Un table de bureau de 6 pieds de long, sur 3 pieds 3 pouces 6 lignes de large ; ses pieds au nombre de huit sont en forme de gaîne, le tout est garni de bronze doré d'or moulu de la plus grande richesse, & d'une parfaite exécution. Un masque de lion & les pattes de cet animal sont en bronze rouge. L'écritoire qui est sur cette table est composée d'un vase qui a sous son couvercle une sonette, de deux autres vases, dans l'un est l'encrier, & dans l'autre le poudrier sur un plateau, plus deux pierres à papiers & deux flambeaux à deux branches : le tout aussi de bronze doré.

Le Secretaire qui est placé au bout de la table, a 5 pieds 1 pouce de hauteur, sur 4 pieds 11 pouces, il y a dessus une pendule en forme de vase, dont le mouvement est de *Julien le Roi*.

Quoique ce corps d'armoire,

le coquiller, la table de bureau, & tout ce qui en dépend soient divisés sous les deux numéros précédens, ils peuvent être vendus en un seul article, si on le desire, c'est un tout ensemble de la plus grande conséquence à l'imitation des ouvrages du fameux *Boule*.

Ce beau meuble est de *Philippe Caffieri*, cet Artiste si célebre. Il n'a rien oublié pour la solidité, la richesse & la parfaite exécution.

Un fauteuil de bois noirci avec des ornemens de bois doré dans le goût antique, dépend du dernier article.

270 Une table de verd antique de 4 pieds 3 pouces de longueur, sur 20 pouces de largeur, renfermée dans un pied à quatre gaînes, orné de postes, canaux creux, feuilles de refends, guirlandes d'olives dorés d'or moulu.

271 Une table de porphyre de 3 pieds 5 pouces 6 lignes, sur 1 pied 10

pouces de large & un pouce d'épaiſſeur : il lui eſt arrivé un accident qui a été très bien réparé, elle eſt poſée ſur un pied à quatre gaînes orné de bronzes dorés d'or moulu dans le ſtile de la précédente, ſans aucune guirlande d'olives, ni lauriers.

272 Un paire de bras à trois branches composée de canaux creux, plattebandes & ornemens, le haut eſt terminé par un vaſe, & le bas par une pomme de pin. Le bon goût à l'antique qu'il y a dans ces morceaux, & la belle exécution, les rendent diſtingués.

273 Une pareille paire de bras à trois branches : hauteur de 23 pouces.

274 Une autre paire de bras à trois branches d'un goût différent des précédentes, nous n'en connoiſſons pas l'Auteur.

275 Un feu composé d'un ſatyre homme & femme adoſſé l'un à l'autre, & aſſis ſur un cartel fort riche, ils ſupportent un vaſe : hauteur 19 pouces. Cet ouvrage doré d'or moulu, eſt de très bon goût, les figures bien deſſinées & de bonne proportion,

portion, l'exécution en eſt très belle.

276 Le buſte de Louis XV, ſur un morceau de colonne en partie cannelée. Ce morceau, doré d'or moulu, porte en tout 5 pouces 9 lignes de hauteur.

277 Deux vaſes de forme antique avec de petites anſes, dorés d'or moulu, chacun porte 6 pouces de hauteur, non compris des pieds de bois noirci.

278 Deux autres jolis vaſes, auſſi de forme antique, différens des précédens, les anſes ſont élevées, leur forme eſt très agréable : hauteur 6 pouces.

279 Un thermometre comparable, par *Gallonde*, dans un encadrement de bois noirci, avec moulures & guirlandes de bois doré ; hauteur 3 pieds 2 pouces.

COQUILLES

UNIVALVES.

280 UN fort bel arrosoir de cinq pouces de haut. Il est très entier, & a la frange de la tête bien conservée. Plus une dentale & un autre tubulaire.

280 *bis* Vingt-cinq lepas d'especes différentes, dont *l'écaille de tortue*, *le bonnet de Dragon*, & deux couleur de rose. Quatre oreilles de mer, dont deux de la Chine. En tout 29 coquilles.

281 Huit coquilles terrestres, dont six buccins, & deux beaux limaçons applatis.

282 Trois autres buccins terrestres, dont une bouche à gauche, & l'autre bouche à droite ; tous deux en pendans & couleur de citron. Le troisieme est un très beau buccin rubanné.

283 Trois beaux buccins, dont deux

bouches à gauche, & un autre fort joli.

284 Cinq limaçons, dont trois terrestres; l'un rubanné; l'autre nommé *Cornet de S. Hubert;* le troisieme avec une dent : les deux autres étant marins, on les appelle *testicules.*

285 Dix limaçons marins, dont la plupart sont dépouillés.

286 Six coquilles marines, un très beau *toît chinois*, une *peau de serpent* aussi très belle; deux buccins d'especes différentes; un *sabot*; un limaçon nommé le jaune d'œuf. Ces six coquilles sont de choix.

287 Les six mêmes coquilles marines, d'un aussi beau choix que celles du n°. précédent.

288 Trois *peaux de serpent*, deux *jaunes d'œuf*, six *sabots* d'especes différentes, & un joli buccin. En tout 12 coquilles.

289 Huit coquilles, savoir deux limaçons, deux nommés *boutons de camisole*; deux dauphins, deux *bulles d'eau*, une nérite & une aveline.

290 Huit autres coquilles pareilles à celles du n°. précédent.

291 Trois *bulles d'eau*, dont une rubannée ; cinq belles nérites ; un limaçon nommé jaune d'œuf, & un très beau ſabot à bouche doublée. Cet article eſt d'un fort beau choix.

292 Cinq coquilles d'un beau choix ; deux buccins, dont un rubanné & d'une riche couleur ; une nérite cannelée, un *bouton de camiſole* couleur de roſe, & une *peau de ſerpent.*

293 Trente-huit coquilles d'eſpeces différentes d'un très joli choix, toutes d'un petit volume.

294 Pluſieurs coquilles d'eſpeces différentes.

295 Dix huit buccins d'eſpeces différentes.

296 Treize autres buccins d'eſpeces différentes.

297 Trente coquilles d'eſpeces différentes.

298 Onze rochers, dont celui à tuyau bien conſervé : il eſt peu commun.

299 Deux très gros limaçons nommés *Burgau.*

300 Un autre burgau dépouillé, d'une riche couleur, & un nautile épais ſans être dépouillé Ces deux coquilles ſont d'un gros volumes.

301 Deux nautiles épais, l'un dépouillé, & l'autre qui ne l'eſt pas. Ils ſont auſſi tous deux d'un gros volume.

302 Deux limaçons d'un gros volume, nommés *la Perdrix*; & deux buccins auſſi d'un très gros volnme pour leur eſpece. L'un eſt bouche à gauche, & l'autre bouche à droite.

303 Deux *bulles* d'eau d'eſpeces différentes; cinq aîlées auſſi d'eſpeces différentes, & quatre *rochers* de trois différentes eſpeces. En tout onze coquilles.

304 Quatre rochers nommés *foudres*, & une *muſique* d'un gros volume.

305 Cinq foudres & deux muſiques.

306 Trois *harpes*, ſix *foudres*, & cinq *muſiques*. En tout 14 coquilles.

307 Deux belles coquilles, qui ſont, une grande *olive* & une *muſique*; deux *harpes* & deux *caſques pavés*.

308 Six harpes & ſeize caſques d'eſpeces différentes. En tout 22 coquilles.

309 Un très beau foudre, deux caſques pavés, dont un d'un gros volume, & deux autres caſques peu communs.

BIBLIOTHEQUE ROYALE

310 Deux gros casques nommés *bézoards* ; un autre d'une espece différente : trois beaux *casques lardés*, dont un sans pointes : deux *cordelieres* ; un autre buccin, & un rocher nommé *dent de chien*.

311 Vingt-six coquilles d'especes différentes.

312 Dix-sept olives, toutes d'un beau choix & d'especes différentes.

313 Un très beau lot composé de huit coquilles ; savoir, deux *thiares*, l'une de la grande espece & l'autre de la petite ; deux *mitres*, deux *buires blanches*, un tapis de *Turquie*, & un *fuseau brun*.

314 Les mêmes coquilles d'un aussi beau choix.

315 Trois vis, dont une évidée pour faire voir l'intérieur, & deux *ivoires*.

316 Un fuseau & une vis nommée *alêne*, d'un très gros volume.

317 Une belle *Tour de Babel*, un fuseau de l'espece de ceux à dents, mais qui ne les a pas encore ; cinq vis, deux fuseaux bruns ; une *chenille* de la grosse espece, & deux buccins d'especes différentes.

318 Cinq buccins, ſavoir, une *grimace*, une *culotte de Suiſſe*, & trois autres, dont un peu commun nommé *le dragon*.

319 Dix-neuf *aîlées* de differentes eſpeces, & un *foudre*.

320 Deux *caſques* d'un gros volume, dont un *turban*.

321 Un carton rempli de différentes coquilles.

322 Un *caſque* d'un très gros volume & d'une belle conſervation, la tête chargée de tubercules. Cette eſpece eſt peu commune.

323 Un autre *caſque* auſſi d'un gros volume, la bouche couleur de citron, garni de grandes pointes ſur la tête. Cette eſpece vient des grandes Indes, & eſt peu commune; une groſſe cordeliere & une groſſe pourpre.

324 Une pourpre, une cordeliere, une tonne cannelée, un buccin rubanné, & une oreille des Indes. Ces cinq coquilles ſont d'un gros vol.

325 Deux belles pourpres à bouche couleur de roſe, bien conſervées & d'un gros volume : elles viennent des Indes orientales.

326 Deux autres pourpres de la même espece que les deux précédentes, plus petites; mais d'une plus riche couleur & bien conservées. Plus une autre pourpre d'espece différente.

327 Deux Pourpres, d'especes différentes, & deux *bécasses* épineuses.

328 Une très belle *beccasse* épineuse de la grande espece, de 5 pouces de long. Cette espece est rare.

329 Quatre pourpres à feuilles, de trois différentes especes; deux têtes de *bécasses*, & deux massues d'Hercule.

330 Trois pourpres nommées *chicorées brulées*, dont une d'un gros volume pour son espece: elle est de la plus grande beauté.

331 Deux pourpres; savoir, la patte de crapaud, & celle à feuillage couleur de rose, ces deux coquilles sont rares, & elles sont de la plus parfaite conservation.

332 Sept pourpres d'especes différentes; une *grimace*; une tête de *bécasse*, deux *massues d'Hercule*; deux *bécasses épineuses* de la petite espece, & un buccin dans lequel est un bernard-l'hermite.

333 Un *scorpion* riche en couleur & très bien conservé ; deux *millepieds* différens.

334 Un *scorpion* bien conservé, & trois autres coquilles nommées *millepieds*, de forme différente.

335 Une araignée de la grande espece, une autre de la petite espece, & un millepieds. Ces trois coquilles sont bien conservées.

336 Deux *araignées* de la grande espece ; l'une a ses pattes, & l'autre n'est pas encore parvenue à sa crue ; autre *araignée* de la petite espece & un *millepieds*.

337 Une grande *couronne d'Ethiopie* marbrée : une autre *tonne* d'un grand volume, sciée par le milieu pour en découvrir l'intérieur

338 Une autre *couronne d'Ethiopie* de l'espece ordinaire, mais bien conservée & d'un beau poli : une conque nommée *prépuce*, & un beau casque qu'on appelle *turban*.

339 Les trois mêmes coquilles que celles du n°. précédent.

340 Le casque nommé turban, & deux buccins triangulaires, tous deux en pendans & d'un gros volume.

341 Deux grandes conques appellées *tasses de Neptune* ; le *prépuce* & cinq *tonnes* de quatre especes différentes.

342 Une belle conque persique ; une *figue* d'un gros volume, & une plus petite très bien marbrée.

343 Trois coquilles pareilles à celles du n°. précédent.

344 Deux jolies conques persiques en pendans ; deux *figues* aussi en pendans, & une troisieme plus petite, mais plus vive en couleur.

345 Une très jolie *navette*. Tout le monde connoît la rareté de cette coquille.

346 Trois autres porcelaines, savoir le *lievre*, l'*œuf* & la *géographique*.

347 Les trois mêmes coquilles que celles du n°. précedent.

348 Deux porcelaines, dont un *bel Argus*, & la *géographique*.

349 Huit autres porcelaines pareilles à celles du n°. précédent.

350 Cinq belles porcelaines, riches par la couleur & l'émail.

351 Vingt-sept autres porcelaines d'especes différentes.

352 Un très bel *amiral* d'un gros volume.

353 Un autre aussi très beau, & en

pendant avec celui du no. précédent.

354 Un *vice-amiral* d'un volume plus grand que d'ordinaire, & avec la double bande à la tête. Cette coquille est plus rare que l'*amiral*, qui n'est pas commun lui-même

355 Un *amiral d'orange*. Cette coquille est fort rare.

356 Une *aîle de papillon* de la plus riche couleur & d'une grande conservation. Cette coquille est très rare & très difficile à trouver, belle & d'un volume un peu considérable.

357 Un beau *drap d'or* d'un gros volume, & deux *brunettes* riches en couleur. Ces trois coquilles sont bien conservées.

358 Une *brunette* d'un gros volume; une *écorchée* polie, & deux cornets orangés.

359 Un *tigre*, un *damier*, une *couronne impériale*; une *écorchée*, un *drap d'or* & une petite *tinne de beurre*. En tout six coquilles.

359 *bis*. Les six mêmes coquilles que celles du n°. précédent.

360 Deux tigres d'un gros volume; un *taffetas*, & deux beaux cornets nommés le *navet*.

361 Sept cornets differens, & deux *olives porphyres*,

362 Un beau *cierge*; une fauſſe *aîle de papillon*; un *ſpectre*; deux flamboyantes, & trois autres cornets.

363 Dix jolis cornets, dont une jolie *fauſſe aîle de papillon*; deux tigres, deux *damiers*, deux Minimes & trois autres.

364 Dix autres, preſque tous les mêmes que ceux du n°. précédent, & une olive *porphyre*.

365 Dix-huit jolis cornets.

Coquilles Bivalves.

366 Un très beau *marteau* de la plus belle conſervation. On connoît la rareté de cette coquille.

367 Une huitre nommée *la cuiſſe*, auſſi très bien conſervée, & une griphite auſſi bien conſervée, & d'une riche couleur.

368 Quatre huitres épineuſes des Indes orientales; toutes quatre d'eſpéces différentes, dont une de couleur orangée.

369 Deux belles huitres épineuſes des Indes orientales; l'une ſe nomme *le gâteau* feuilleté, d'une grande conſervation

conservation & d'un gros volume; le dessus est enrichi de deux rayons pourpres : l'autre est une huitre de couleur orangée, & est adhérente à un caillou.

370 Deux autres huitres orientales, dont une est adhérente à un morceau de madrepore ; un *gâteau feuilleté* de S. Domingue, & un groupe de deux huitres épineuses de Malte.

371 Deux autres huitres épineuses de Malte, d'un gros volume, & une très belle huitre épineuse des Indes orientales, aussi d'un gros volume.

372 Deux autres huitres épineuses des Indes orientales ; savoir, un *gâteau feuilleté*, riche en couleur, dont les pointes sont bien conservées, mais qui est un peu cassée par-dessous, & une autre, couleur de lilas.

373 Deux huitres épineuses de Malte, d'un très gros volume.

374 Quatre huitres d'especes différentes, & un joli *manteau ducal.*

375 Trois beaux *peignes* ; savoir, un *manteau ducal*, *la gibeciere*, & un troisieme, couleur de rose.

376 Trois autres *peignes* : les deux premiers pareils à ceux du n°. pré-

cédent, & le troisieme couleur de citron.

377 Trois autres *peignes*; savoir, deux *manteaux ducaux* & *la gibeciere*.

378 Quatre autres *peignes*, dont deux *manteaux ducaux*.

379 Quatre belles coquilles; savoir, un *manteau ducal*, un autre *peigne* violet, une *pintade*, & une tuilée, d'une riche couleur.

380 Deux peignes d'un beau volume; l'un se nomme *la coraline*, & l'autre *le benitier*. Ce dernier est d'une riche couleur.

381 Un *peigne* nommé *la sole*, & une jolie tuilée.

382 Une *coraline*, & une *tuilée*.

383 Deux *peignes* d'especes différentes, & une *corbeille* très belle par sa conservation & son gros volume.

384 Deux jolis *peignes*, deux cames avec un dessein en points d'Hongrie, & trois belles moules différentes.

385 Deux *tuilées* d'un petit volume, dont une est couleur de rose; un cœur nommé la *fraise*, & une came en points d'Hongrie.

386 Une grande *tuilée* bien conservée;

& un très beau cœur bien coloré nommé *le chou.*

387 Trois belles coquilles ; ſavoir, une *tuilée*, une came en points d'Hongrie, & une moule appellée *l'oiſeau.*

388 Deux autres petites *tuilées*, un beau *cœur* de Vénus, & un autre cœur nommé la fraiſe.

389 Cinq petites *tuilées*, un *cœur de Vénus*, trois cames coupées, deux *fraiſes*, & différentes autresEn tout 18 pieces d'un petit volume.

390 Un *cœur de Vénus*, d'un très gros vol. & très bien conſervé. On trouve rarement cette coquille d'un auſſi gros volume.

391 Un beau cœur en ſouflet. Cette coquille eſt encore peu commune, de ce volume.

392 Six belles coquilles, une groſſe *fraiſe*, une came en points d'Hongrie; une *rape*, une *guillochée*, & deux autres d'eſpeces différentes.

393 Une belle fraiſe, un *point d'Hongrie*, une *guillochée*, une *rape*, & une autre came.

394 Une came en points d'Hongrie d'un très gros volume, & une au-

tre qu'on a nommée *cedo nulli* : une came des Indes orientales, riche en couleur, mais elle est piquée d'un côté, & un cœur.

395 Deux beaux cœurs des Indes orientales, & une autre épineux de la Méditerranée.

396 Seize coquilles, des cœurs & des cames.

397 Deux superbes *écritures chinoises* d'especes différentes, & deux autres cames des Indes.

398 Un *concha Veneris*, une *gourgandine*, *deux vieilles ridées différentes*, & quatre autres cames.

399 Deux *écritures chinoises* d'un gros volume, & cinq autres coquilles.

400 Deux jolies tellines chagrinées, avec des rayons couleur de rose ; cette espece est peu commune. Quatre autres tellines différentes, & deux petits cœurs. En tout huit coquilles.

401 Une autre telline chagrinée, de l'espece des deux du n°. précédent, mais plus grande. Une *gourgandine*, deux cœurs différens, & deux tellines aussi d'especes différentes.

402 Dix tellines différentes, & un cœur de S. Domingue.

403 Quatre belles tellines, & une belle came de l'Inde.

404 Deux *jambonneaux*, deux *manches de couteau*, une grande opercule, deux étoiles de mer, une pointe d'ourſin à bâton, & quelques petits morceaux de madrepore.

405 Trente coquilles de peu de conſéquence.

406 Douze coquilles buccins, porcelaines, &c.

407 Trois ourſins garnis de leurs pointes, huit autres ſans pointes, & deux écailles de tortue.

FIN.

Lû & approuvé, ce 2 Janvier 1770.
COCHIN.

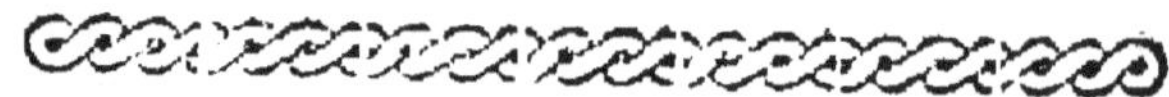

TABLE

INDICATIVE des Numéros des Articles qui seront vendus chaque après-midi, trois heures & demie precise, à commencer le 5 Mars 1770.

Le Lundi 5 Mars.

Tableaux, Figures & Bustes de Marbre, plâtre & Bas relief de terre cuite.

Nos 8, 12, 24, 27, 33, 50, 58, 59, 61, 63, 67, 69, 74, 94, 102, 109 & 110, 117, 120, 127, 128, 151, 158, 159, 160, 206, 207, 208, 209 partie; 217, 218, 219.

Le Mardi 6 Mars.

Tableaux, Figures & Bustes de marbre, de terre cuite & de plâtre, & Bas relief en terre cuite.

Nos 10, 19, 22, 30, 34, 39, 54, 57, 60, 70, 76, 79, 80, 95, 104, 107, 108, 121, 135, 136, 143, 152, 161, 162, 163, 194, 195, 198, 199, 204, 205, 209 partie; 216.

Le Mercredi 7 Mars.

Tableaux, Desseins sous verre, Figures & Vases de marbre, de terre cuite & de plâtre.

Nos 5, 9, 11, 31, 32, 51, 53, 55, 56, 68, 73, 77, 81, 82, 98, 105, 111, 123, 129, 130, 145, 147, 153 164, 165, 166, 177, 191, 193, 197, 200, 201, 202, 203, 215.

Le Jeudi 8 Mars.

Tableaux, Desseins sous verre, Figures de marbre & de terre cuite.

Nos 4, 13, 15, 20, 29, 40, 46, 48, 52, 78, 83, 85, 92, 100, 106, 112, 122, 124, 133, 134, 149, 150, 154, 157, 169, 170, 173, 176, 181, 183, 184, 185, 186, 192, 196.

Le Vendredi 9 Mars..

Tableaux, Desseins sous verre, Figures de marbre & de terre cuite, morceaux en bois & meubles précieux.

Nos 3, 16, 17, 38, 41, 45, 47, 49, 62, 64, 84, 86, 87, 93, 101, 113, 116, 125, 131, 137, 144, 146, 148, 155, 156, 167, 168, 171, 178, 179, 182, 188, 212, 213, 261, 262, 263.

Le Samedi 10 Mars.

Tableaux, Figures, Grouppes & Bustes en terre cuite, ivoire & cire, & des meubles précieux.

Nos 6, 18, 23, 25, 28, 35, 42, 44, 65, 66, 88, 90, 91, 97, 103, 114, 118, 126, 138, 139, 174, 175, 180, 187, 189, 190, 210, 211, 214, 259, 260, 264, 265.

Le Lundi 12 Mars.

Tableaux, Figures de marbre & meubles précieux.

Nos 1, 2, 7, 14, 21, 26, 36, 37, 43, 71, 72, 75, 89, 96, 99, 115, 119, 132, 140, 141, 142, 258, 266, 267, 268, 269, 270, 271, 272, 273, 275.

Le Mardi 13 Mars.

Coquilles univalves & bivalves.

N°s 338, jusques & compris le N°. 365 ; & depuis le N°. 394, jusqu'au N°. 407.

Le Mercredi 14 Mars.

Coquilles univalves & bivalves.

Depuis le N°. 280, jusques & compris 310, & le N°. 382, jusqu'au N°. 393.

Le Jeudi 15 Mars.

Coquilles univalves & bivalves.

N°. 311, jusqu'à 337, & le N°. 366, jusqu'à 381.

Le Vendredi 16 Mars.

Desseins en Feuilles, Estampes en Recueils & détachées, depuis le N°. 220, jusqu'à 267. On vendra aussi plusieurs Estampes sous verre.

FIN.

BIBLIOTHEQUE ROYALE

www.ingramcontent.com/pod-product-compliance
Lightning Source LLC
LaVergne TN
LVHW012021220826
846092LV00001B/434